『月刊シルバー人材センター』編集室 編

人生100年時代を楽しむ生き方

定年後を豊かにする28のインタビュー

労務行政

はじめに

わが国の総人口は、二〇二〇年十月一日現在、一億二千五百七十一万人ですが、二〇五三年には九千九百二十四万人と一億人を割り、二〇六五年には八千八百八万人にまで減少する、と推計されています。長期の人口減少過程の中で、六十五歳以上人口は二〇二〇年時点で三千六百十九万人、総人口に占める割合、いわゆる高齢化率は二八・八％で今後さらに上昇し、二〇六五年には三八・四％に達する、とされています（内閣府『二〇二一年版高齢社会白書』）。

このように、日本は先進国の中で最も高齢化が進んでいます。平均寿命で見ても、男性八一・四一歳、女性八七・四五歳（二〇一九年、厚生労働省調べ）と世界でもトップクラスであり、高齢化の現状や政策・研究、そして企業や組織の動向、市民生活に至るまで、世界の目が〝高齢化先進国日本〟に注がれていると言っても過言ではありません。

二〇一六年に出版されたロンドン・ビジネススクール教授のリンダ グラットン著・アンドリュー スコット著『ＬＩＦＥ　ＳＨＩＦＴ　一〇〇年時代の人生戦略』（東洋経済新報社）でも、世界的な平均寿命の上昇によって、例えば日本では二〇〇七年生まれ（二〇二一年時点で十四歳）の五〇％が百七歳まで生きる、といった推計を紹介しています。もはや八十歳程度の平均寿命を前提に、「教育」「仕事」「引退」の三ステージで考えられてきた人生観は崩壊し、老いて生きる期間ではなく、若々しく生きる期間が長くなる〝ライフ・シフト〟時代の人生戦略を提示しました。そして、発売以来、三十五万部の大ヒットとなり、この前後から日本でも「人生一〇〇年時代」という言葉が定着してきたと言えるでしょう。

さて、株式会社労務行政発行の『月刊シルバー人材センター』は、一九八七年の創刊以来、公益社団法人全国シルバー人材センター事業協会の編集協力の下、「高齢社会を生きる」をテーマに、全国千三百を超えるシルバー人材センター、約七十万人の会員の活動状況について、センターや会員に対して情報提供してまいりました。二〇二〇年に創刊四〇〇号を迎え、さらなる誌面の充実を図っているところです。

とりわけ、巻頭連載の「これからのシルバー人材センター」（二〇一八年四月号以降掲載）および「人生一〇〇年時代の高齢者〈生き方・支え方〉」（二〇一九年四月号より改題して連載中）は、スタート当初は文字どおり、シルバー人材センターの現状と課題、そして高齢者の生き方や生きがいについて、各界の著名人、専門家に意見・提言を伺うものでした。

しかし、登場される方々から紡がれる言葉の中に、単にシルバー人材センターの在り方や高齢者の生き方だけでなく、まさに「人生一〇〇年時代」を生きる知恵やそれを支える周囲の人々の心構え、行動変容への示唆があり、年齢や組織を超えて、現代に生きる我々一人一人にとって参考になる珠玉のキーワードが散りばめられていました。

そこで、これまで掲載した二十八人のインタビュー記事を再編集し、『人生一〇〇年時代を楽しむ生き方』と題して、ここに書籍化する運びとなりました。全体は五章で構成しており、個々の登場人物の肩書きや内容は、原則として掲載当時のものとしています。また、インタビュー形式で記事が完結しているため、興味のある方のページからお読みいただけます。

二〇二〇年以降、人類史上例のない新型コロナウイルス感染症が世界的に大流行し、日本は東京オリンピック・パラリンピックの開催国という複雑な課題を抱えながら、「新しい日常」が続いています。誰もが生命や生き方を考えさせられる現実に直面し、ライフキャリアとワークキャリアのバランスをいかに保ち、人生をよりよく生きるか、模索している時代です。

本書は、全国のシルバー人材センターの職員・会員の皆さまばかりでなく、「人生一〇〇年時代」を生きていくための新たな気付きや学びを模索する全ての方々にお読みいただけるように編集しました。そして、人生一〇〇年時代を楽しむ生き方のヒントが得られることを願っています。

末筆ながら、インタビュー・原稿確認等にご協力いただきました二十八人の方々、全国シルバー人材センター事業協会をはじめシルバー人材センター関係者の皆さま、編集協力いただいた全てのスタッフに厚く御礼申し上げます。

二〇二一年八月吉日

株式会社労務行政　シルバー事業部

『月刊シルバー人材センター』編集長　石川了

Contents

第1章 楽しみながら生きる

三浦雄一郎 プロスキーヤー、冒険家
常に目標を持ち、仲間と人生をおおらかに楽しむ ―― 12

林家木久扇 落語家
常に〝笑い〟の中に身を置き、対価を得て自分らしく生きる ―― 20

入不二基義 哲学者、青山学院大学教育人間科学部教授
高齢者がスポーツを始めるには「興味に向き合う」ことが重要 ―― 28

稲田　弘 「アイアンマン世界選手権大会」最高齢チャンピオン
何かを始めるのに年齢は関係ない、まずは「やってみる！」の精神で ―― 36

鎌田　實 医師、作家
コロナ時代に重要な人とのつながり、社会貢献がシニアの健康を支える ―― 44

毒蝮三太夫 俳優、タレント
年を取るほどに謙虚な姿勢が大事、目指すはチャーミングで元気な老人 ―― 52

第2章　チャレンジして成長する

若宮正子　アプリ開発者、シニア向けサイト「メロウ倶楽部」副会長
ＩＴ活用と楽しむ姿勢で、シニアの社会的孤立を防ぐ ―― 62

小林まさる　料理研究家
経験を生かし「前へ！」の精神で生きがいをつかみ取る ―― 70

鈴木絹英　ＮＰＯ法人日本傾聴ボランティア協会理事長
傾聴ボランティアで高齢者に寄り添い、笑顔になってもらう ―― 78

森永卓郎　経済アナリスト、獨協大学経済学部教授
老後の不安を乗り越える鍵は「生涯現役」と「節約術」にあり ―― 86

岸本裕紀子　エッセイスト
定年後をしなやかに楽しむ、「新しい生き方」へ踏み出す機会に ―― 94

第3章 絆をつくり深める

坂東眞理子 昭和女子大学理事長・総長
和顔愛語の精神で世代を超えて「志縁」をつくる ―― 104

信友直子 ドキュメンタリーディレクター、映画監督
認知症になった母を撮り続けて知った家族の絆 ―― 112

綾戸智恵 ジャズ・シンガー
社会に経験や知識を還元し、必要とされる高齢者であれ ―― 120

レギュラー お笑い芸人
高齢者を元気にする秘訣は「楽しい聞き上手」になること ―― 128

財前直見 女優
家族に伝え遺すメッセージが、シニア生活をより豊かにする ―― 136

第4章 地域社会とつながる

田中一正 大和ハウス工業株式会社ヒューマン・ケア事業推進部顧問
高齢者の背中を押し、人とつながるきっかけづくりを 146

樋口恵子 評論家
地域に必要なのは「老働力」、センターは高齢者を支える拠点に 154

藤原佳典 東京都健康長寿医療センター研究所 社会参加と地域保健研究チーム研究部長
「三方よし」の地域参加で、シニアの健康寿命を延ばす 162

青江覚峰 浄土真宗東本願寺派湯島山緑泉寺住職、料理僧
社会の〝あそび〟を担い、地域で存分に力を発揮する 170

下河原忠道 株式会社シルバーウッド代表取締役
高齢者が自分らしく最期を迎えられる、地域社会を事業の視点でつくる 178

吉江 悟 一般社団法人Neighborhood Care代表理事、「ビュートゾルフ柏」看護師／保健師
地域を包括的に支え、高齢者の持つ「知の財産」を生かす 186

―第5章― 生涯現役で社会貢献する

清家　篤　慶應義塾大学商学部教授・慶應義塾学事顧問、博士（商学）
柔軟性と信用性を武器に、生涯現役社会をけん引せよ　196

秋山弘子　東京大学高齢社会総合研究機構特任教授
高齢者を「支える側」に、福祉政策の労働政策転換を　204

川崎二郎　衆議院議員（自由民主党所属）
六十五歳以上も働き、自分で定年を選ぶ時代になる　212

堀田　力　弁護士、公益財団法人さわやか福祉財団会長
働く場の開拓と、高齢者が社会貢献できる活動を　220

堀内裕子　シニアライフデザイン代表、シニアライフ・デザイナー
シニアの「モラトリアム」に注目、大義名分と素直さで再チャレンジを　228

米山武義　歯科医師、歯学博士、医学博士
口と歯の健康が、シニア世代の生活・命を守る　236

第1章

楽しみながら生きる

人生一〇〇年時代を健やかに生きていくには、
日々を楽しみ、自分らしく過ごすことが何よりも大切になる。
その充実した生活の送り方について、話を聞いた。

K2
MIURA
EVEREST 2003
Keizo Miura
K2
MIURA
EVEREST 2003
Keizo Miura

常に目標を持ち、仲間と人生をおおらかに楽しむ

2018年8月号掲載　取材／山辺健史　撮影／伊藤武丸

三浦雄一郎

みうら・ゆういちろう

プロスキーヤー、冒険家

1932年青森県生まれ。1964年イタリアのスキー競技キロメーターランセに日本人として初参加し、当時の世界スピード記録を樹立。その後、富士山やエベレストなど、世界七大陸最高峰のスキー滑降を完全達成した。2003年、70歳7か月でエベレストに初登頂。75歳、80歳のときにも登頂を果たし、エベレストの世界最高齢登頂記録を更新した。

いまだ現役の冒険家。チャレンジを続ける

――三浦さんは、八十五歳になった今でも現役の冒険家として世界の名峰への登頂など挑戦を続けられています。現在はどのようなチャレンジを計画中なのでしょうか。

三浦　八十歳でエベレスト登頂を達成したので八十五歳になる今年は世界の名峰・ヒマラヤ山脈のチョ・オユー（標高八二〇一m）にアタックしようと考えていました。しかし、中国に入山許可を申請したところ「七十五歳以上は登山不可」と言われ、実現できなくなってしまったのです。そのため、この計画はいったん諦めることにして今は違う山に登ろうと準備を進めています。

――現在はどのようなトレーニングを？

三浦　去年、チョ・オユーへの挑戦に向けて、高度四〇〇〇m級のヒマラヤの山に登りました。最近は、新潟県のかぐらスキー場でトレーニングをしています。また、五月から札幌にある五〇〇m級の藻岩山《もいわやま》に、週三回のペースで登っています。

――そこまでご自身を追い込み、チャレンジを続けるのはなぜなのですか。

三浦　私が初めてエベレストの登頂を成功させたのは七十歳のとき。当時は、世界でその年齢でエベレストに挑戦する人は一人もいませんでした。そのため、「自分が実現できれば、世界記録を樹立できる」という思いが強いモチベーションになったのです。

また、七十五歳で挑戦を考えたときもそうでした。以前より高齢になり、体力が落ちていることを自覚しながら、それでも達成できたら大きな結果を残すことができるのではないかと自分を奮い立たせたのです。しかも、そのときは心臓の不整脈の手術を二度行い、ようやく回復した頃でしたから、逆に「今の状況を突破してやるぞ！」という思いが強まったのだと思います。

自分の「弱さ」を知って、プラスに転換する

――本当にチャレンジ精神旺盛です。子どもの頃からそのように元気なタイプだったのですか。

三浦　そうではありません。むしろ病気がちで、運動会の競技でも負けてばかりいるような子どもでした。学生時代も体調が悪いことが当たり前で、ずっと「自分は弱いのだ」と思っていました。そのため、今でも自分が山登りに長《た》けているとは思っていません。私は暑がりで、寒がり。その上、末端冷え性でもありますから、実は、極寒で気候の変化が激しい高山には一番適していない体の持ち主なのです。しかし、そのような弱い体を持つからこそ、今まで生き延びてこられたのだとも考えます。というのも、私は自分の弱さを知っているので、天候の変化などには余計に神経を使うのです。そういった十分な対処をしてきたからこそ、今もこうやって生きていられる。そう考えると、弱さは決してデメリットではない。むしろ、生き延びるために非常に重要な要素なのではないかと感じています。

年齢を重ねても、目標を掲げて近づくことが大切

――一般的に七十歳くらいの世代では、仕事が一区切りつき、「あとは楽に生きよう」と考える人もいます。三浦さんには、そういった現状に甘んじてしまう気持ちはなかったのですか。

三浦　いや、現状に甘えていた時期はありました。私は三十代からマッキンリーやエベレストなど、世界七大陸最高峰からのスキー滑降の冒険に挑んできました。しかし、五十三歳でそれを全て成し遂げたときに「厳しいトレーニングをするのはもうやめよう」と思ったのです。つまり、現状に満足してしまった。するとすっかり気が抜けてしまい、おいしい食事や温泉旅行、ゴルフなどの遊びを楽しむばかりの毎日となってしまったのです。ところが、六十歳でメタボになり、さまざまな生活習慣病も併発して最終的に医者から「余命三年」と宣告されて、「これではいけない、生活を変えるべきだ」と改めて決意し直したことが現在の挑戦の出発点となりました。

同時にその頃、ヨーロッパアルプスの最高峰・モンブランの斜面を九十九歳で滑る父の姿を目にしたのも大きなきっかけとなりました。「目標を持つことさえすれば、幾つになっても元気に挑戦ができる」という気付きは、現在でも新しい行動を起こす際の大きな指針になっていますね。

――生活改善を決意されて、どのように新たな目標へのスタートを切ったのですか。

三浦　そのときは足首に一～五kgの重りをつけ、さらに背中に二十五kgのリュックを背負って

街中を歩くことから始めました。そのようにして少しずつ体を鍛えていったのです。そうしているうちにいつの間にかメタボは治り、足腰も丈夫になりました。こうしたいわば「攻めの健康法」というべきトレーニングをしたことが、七十歳でエベレストに登れた土台となった気がします。
やはり、高齢になっても諦める必要はないのです。目標を持ち、それに対して少しずつステップアップしていけば、どのようなことでも夢に近づくことができると私は確信していますね。

病気やけがのときだからこそ、ささいな喜びに気付く

――年齢を重ねると病気やけがも多くなります。そういった中で気持ちを保つ秘訣《ひけつ》とは？

三浦　七十六歳のとき、スキージャンプで失敗し、骨盤や大腿骨《だいたいこつ》、恥骨などを骨折したことがありました。そのときが私にとって最もつらい時期でした。全治六か月の入院生活となり、医者からは「治っても車椅子生活」と言われる始末。あのときは、再起不能になることを覚悟しましたね。
しかし、完治に向けて少しずつ頑張っていると、たとえかすかなことでも、回復しているという実感がうれしさに変わっていくのです。今までできなかった寝返りが打てるようになり、自分一人でトイレに行けるようになる。そういう小さな前進の一つ一つが、とても楽しく感じられて。そういう感覚が次へ次へとつながっていき、そのうち自由に歩けたり、体を鍛えたりする自分のことも想像できるようになりました。結果として、あれほど言われていた後遺症も一切残らず、

半年で歩けるようになったのです。苦しいときでも目の前にある喜びを少しずつ感じていくことで、自分自身の弱さに打ち勝つことができる。そういうことを、あのときの経験から学びました。

年を取ったら、病気やけがが多いのは当たり前。大きな目標を掲げる必要はありません。大事なのは、少しずつ目標に近づいていっているという実感です。畑仕事でも、山菜採りでも、目標はなんだっていいのです。私はいつもシニアの方に「あなたなりのエベレストを見つけよう」と話をするのですが、好きなことを見つけ、自分なりのやり方でそれを追求していくことが何よりも重要なのではないでしょうか。

シニアになっても、仲間をつくることで前向きに

――一方、老いを実感してふさぎ込むシニアもいます。そういう人はどうすればよいのですか。

三浦　私はまず人と会う、仲間をつくることが第一歩だと考えています。確かに、年を取るとどうしても同世代の友人は少なくなります。しかし、家族だって年下の知り合いだって、十分に仲間になれる。そういう人たちと積極的に接するだけでも、さまざまなヒントが得られるはずです。そのような関係の中から、興味が持てる何かを見つけ出していけばよいのではないでしょうか。

また、何事も楽しんで取り組むという姿勢も重要です。私の場合は、高度八五〇〇ｍの過酷なエベレストの環境下でも、手巻きずしを食べたり、お茶会をしたり、楽しむことを積極的に取り

入れるようにしました。確かに、生きるか死ぬかの場所なのですが、そういう場所だからこそゆとりと遊びの精神を努めて取り入れるようにしたのです。すると、それが息抜きとなって、緊張続きだった気持ちが落ち着き、かえって士気が上がるのです。

何歳になっても、何かをやろうとする気持ちが大切

――これから、どのように年を重ねていこうと考えているのですか。

三浦　実は、九十歳までの目標は設定済みです。やはり、八十五歳のうちにはチョ・オユーと同等の山にチャレンジしたいと考えています。また、九十歳になったらヨーロッパの最高峰・エルブルースへの登頂を目指したい。その先はまだ未定ですが、その年齢なりの限界を押し上げる冒険ができたら幸せですね。私のテーマは、アンチエイジング。それを、世界レベル、人類レベルで高めていきたいのです。そのために、まだまだ元気な体を維持していかなければなりません。

――シニア世代へのメッセージをお願いします。

三浦　年を取っても挑戦しようという気持ちを持ち、新しく何かを始めることが大切です。そして、それをなるべく工夫をしながら楽しく続けていくようにするのです。何よりも重要なのは、行動が行き詰まっても、絶対に落ち込まないこと。そのようなときは、また別のことをやればよい。次のチャンスはいくらでもありますから、おおらかに人生を楽しみましょう。

林家木久扇
バカの天才まくら集
本当のことって、
語みたいで面白い!
家人生57年にして、
じめての「まくら」集!

常に〝笑い〟の中に身を置き、対価を得て自分らしく生きる

2019年2月号掲載　取材／山辺健史　撮影／古川裕也

林家木久扇

はやしや・きくおう

落語家

1937年東京生まれ。漫画家・清水崑に弟子入り後、1960年に落語家・三代目桂三木助門下に入門。三木助没後は八代目林家正蔵門下となる。1969年、日本テレビ「笑点」のメンバーに抜擢。1973年、真打昇進。イラストレーターとしても活躍。一般社団法人落語協会相談役、公益社団法人日本漫画家協会参与。著書に『林家木久扇　バカの天才まくら集』（竹書房）など。

八十一歳、現役落語家。いまだ多忙な日々を過ごす

――木久扇師匠は、八十一歳の現在も元気に「笑点」で活躍されていますが、二〇一九年は〝「笑点」出演五十年〟の節目の年。感慨もひとしおなのではないでしょうか。

木久扇　私が「笑点」に出始めたのは三十二歳。立川談志さんが初代司会者をやっていた時代でした。今では「笑点」の最古参。とても長い間〝黄色の着物〟でやっているので、〝「笑点」の黄色い人〟と言えば、誰でも知っていてくださいます（笑）。

――メンバーの皆さんとも、長い付き合いですね。

木久扇　長すぎて、今まで何人もの司会者を送りました。

毎回、楽屋で雑談をしてネタを探し、本番でぶつけ合います。あの番組の良さは「自分だけが目立てばいい」でなく、チームプレーの掛け合いで一つの形になるところ。そういった姿勢はずっと続いてほしいですね。

――「笑点」出演のほかにも多忙な日々をお過ごしのことと思います。

木久扇　月二回の収録以外に、月二十席程度の高座に上がっています。また、笑いや健康をテーマにした講演などで年中日本全国を回っています。

――そのように元気に仕事をやり続けられている秘訣《ひけつ》は何でしょうか。

木久扇　面白い噺《はなし》や爆笑を誘う噺をして、常に〝笑い〟の中に身を置いていることが健康でいられる理由なのかもしれません。

事実、笑いには人を治す力もあるんです。

以前、関節リウマチの患者さんを対象にした笑いの実験に協力したことがあるんですが、私の落語を聴いてもらったとき、「インターロイキン－6（ＩＬ－6）」という血中にあるリウマチを悪化させる成分の濃度が下がった、という方が多くいたんです。つまり、一時的ではありますが、笑いはリウマチの痛みを緩和させるんです。

また、落語で自殺を止めたこともあるんですよ。ラジオ番組に「死のうと思っていたが、木久蔵（当時）さんの噺があまりに面白いので、自殺するのがばかばかしくなった」と投稿された手紙に書いてあったんです。噺家冥利《みょうり》に尽きますよね。だから私は、今でも平気で「いやんばか〜ん」を歌っています（笑）。

東京大空襲が「生きる覚悟」の原点

――落語家としてだけでなく、イラストを描く仕事もされています。なぜ、こういった仕事もするようになったのですか。

木久扇　私はもともと、絵を描くのが得意で、漫画家を目指して清水崑《こん》先生（『かっぱ天国』などの作品で知られる大家）に弟子入りしていたくらいだったんです。だから、大抵の絵の注文には応えられる。絵を描いていると夢中になれますし、楽しんでやらせてもらっているんですよ。NHKの「日本の話芸」の絵も私が描いています。

作品は、日本画の顔彩《がんさい》絵の具を使って、自作の竹ペンで〝売れる絵〟を意識して真剣に描いています。現在も、東京都の年金受給者協会の会報誌『とうねんパートナー』の表紙や他の雑誌のカットなど、連載を七つも抱えているので大変です。

――五年前に喉頭がんで入院されていたときにもイラストを描かれていたのだとか。

木久扇　喉頭がんで声が出なくなってぞーっとしたのは、落語家として一銭も入らなくなること。しかも、私には弟子が十人もいます。彼らにご飯を食べさせるために、どうにかしないといけない。だから、「弟子貧乏」なんですよね（笑）。そういうわけで、当時の心配は、自分のことより収入面だったんです。

そこで、知り合いの編集者に「絵の仕事をください」とお願いして、ベッドの上でずっと描いたんです。ひと月で七十万円ほどになり、おかげで急場をしのげました。本当に感謝です。

――療養していてもお金のことを心配をされていたとは驚きで、そこに、木久扇師匠の「生きる覚悟」のようなものを感じます。以前には、胃がんや腸閉塞《へいそく》などもされているそうですが、大病をも乗り越えるような、動じない気持ちはどこから来るのですか？

木久扇　それには、子どもの頃、東京大空襲を経験したことが大きく影響していると思います。

小学一年生の時に、地元・日本橋久松町で祖母の手を引いて防空壕《ごう》に逃げたことは今でも忘れられません。前日まで「夕飯の塩シャケと漬物がおいしいな」って幸せに思っていたのに、それがうそのように翌日には町中が焼け野原でした。そのような体験をすると、いつも死が隣り合わせのように感じてしまいます。

でも、だからこそ、大概のことは平気に思えますし、「今ある命を大切に、生き抜く」という気持ちになるんですよ。

人生の後半戦をくよくよしないで過ごす

――イラストレーターとしての活躍もそうですが、今ほどラーメンが流行していない時代に「ラーメン党」をつくって販売するなど、木久扇師匠にはビジネスマンのような一面も感じます。

木久扇　ラーメンを売り始めたのは、三十年以上前のこと。でも、昨今のブームを見ると目のつけどころはやはり良かったのではないかと。

ただ、初めての事業だったので、失敗も多かったんです。

一九八九年に、バルセロナオリンピックに当て込んで、スペインに店を出したこともありましたが、誤算だったのはスペイン人がみんな猫舌だったこと（笑）。熱々のラーメンが冷めて、伸びてしまってから食べ始める。こりゃ駄目だと思いました。また、シエスタ（スペイン、イタリアなどラテン系の国の風習で「昼寝」の意味）も痛手で、一番もうかる昼時にみんな昼寝してしまうのでお客が誰も来ない。七千万円ほど大損しましたが、ひらめいたらすぐ行動してしまう性分なので、まぁ、仕方ないです。

――そういった小さいことにこだわらない大らかさが、人生には大事なのでしょうか。

木久扇　そうですね。後ろを振り返っても何にもならないですから。

うちのおかみさんも「あなたの宣伝になったからいいじゃない」って許してくれましたしね。

得意なことを見つけて、生涯現役を目指すべき

――八十歳を過ぎても第一線で活躍する木久扇師匠の姿は、シルバー人材センターの会員が目指す、一つの姿かもしれません。人生一〇〇年時代を共に生きる会員へ、メッセージをお願いします。

木久扇　高齢になって何もしないのは、実はとても怖いこと。人間の体は使わないと退化するし、思考力も鈍ってしまう。

だからこそ、社会に出てできる限り働き、そこで〝入金（対価）〟があることが大切なんです。それが、暮らしに〝ハリ〟を与えると思います。

長野県のある村の土産物店でおやきを焼いているおばあちゃんたちは、一個売ると三十円になることを励みに、とても生き生きと働いているそうです。彼女たちは実演でドイツにも呼ばれて働いて

〝パイ作りのおばあさん〟と大評判になったそうですが、そうしたバイタリティーは、いくばくかの収益を得られることが土台となっているでしょう。

――一方で、「自分に合っている仕事や好きなものが分からない」という声も多く聞くのですが、そのようなシニアには、どのようなアドバイスがありますか。

木久扇　小学校の時間割を思い出すと良いかもしれません。国語や算数、理科、体育、図工などの中で得意なものを考え、それに付随したことをやってみるのはいかがでしょうか。

私もイラストや俳句、チャンバラ映画など多方面に生業《なりわい》の範囲を広げていますが、それもそうした発想が元になっています。

得意なことやできることは、絶対に誰にでもあるものだと思いますから。

――木久扇師匠のこれからの目標を教えてください。

木久扇　ぜひ、アニメーションを作ってみたいですね。私が作詞した「空とぶプリンプリン」という歌があり、NHKの「みんなのうた」で自分の描いたイラストが動いたとき、とても感動したんです。それを今度は本格的にやってみたい。

八十一歳ですが、このように夢を持って暮らしていると、日々、とても楽しいですよ！

高齢者がスポーツを始めるには「興味に向き合う」ことが重要

2019年12月号掲載　取材／山辺健史　撮影／小林由喜伸

入不二基義

いりふじ・もとよし

哲学者、
青山学院大学教育人間科学部教授

1958年生まれ。東京大学文学部哲学科卒。同大学院博士課程単位取得。2004年から現職。大学教授として活躍する一方、51歳でレスリングを始め、57歳で公式戦初勝利。2016年と2017年の「全日本マスターズレスリング選手権大会」では銀メダルを獲得した。青山学院大学レスリング部部長。全日本マスターズレスリング連盟理事。主な著書は『相対主義の極北』(ちくま学芸文庫)など。

五十代から始めたレスリングで、スポーツの面白さを実感

――入不二さんはスポーツ初心者という立場から、五十一歳でレスリングをスタートしたそうですね。そのような経験は、シニア世代が新しく運動を始める際の参考になると思います。そもそも、なぜその年齢でレスリングに挑戦しようと思ったのですか。

入不二　三男が高校生だったとき、キックボクシングの試合に出場しました。息子は無事に勝利を収めることができたのですが、彼のリング上の勇姿を目にしながら「あそこにいるのは、本当は自分であるべきなのではないか」と考えてしまったのです。それが、レスリングを始めるきっかけになりました。

――**それはすごい！「自分もできる」と考えられるバイタリティーが驚きです。**

入不二　これには、さらに背景があります。実は、息子の試合観戦の一年前から、太り過ぎを解消するためにジム通いを始めていました。ちょうど観戦した頃は、筋肉がついてきたり、走れる距離が伸びたりしていた時期で、ジム通いの成果が出て気を良くしていたことが、私の背中を押しました。

また、ジムでボクササイズなどをしたときに、実際にはコンタクトしない物足りなさを覚えていたことも要因の一つ。五十一歳という年齢を考え、「もし格闘技に挑戦するなら最後のチャン

スだ」という気持ちもありました。それで本格的に始めることにしたのです。

レスリングを選んだのは、格闘技の基本となる競技をやりたかったから。それと、「キックやパンチは危険だけれど、柔らかいマットの上でする組み技ならばすぐにできるし安全だろう」と思ったからです。

でも「すぐできる」だなんて、とんでもない（笑）。まず、最初の前転や倒立といったマット運動で、頭がフラフラになって立つことができませんでした。いかに今まで全身を使った運動をしていなかったかを思い知りました。その上、練習が終わったときには、普通に歩けないほど体力を消耗していて、まさに、レスリングの洗礼を受けました。

ただ、その一方で、それまで経験したことのない面白さを感じたことも事実です。たまたま初練習で上級者とスパーリングする機会に恵まれたのですが、相手と組み合って手や足を取り合って駆け引きをする楽しさを知ってしまい、気付いたときにはすっかりのめり込んでいました。

子どもの頃に好きだったことが、現在の興味とつながる

——年を取ってから始めた運動は長続きしない、との声も聞かれます。しかし、入不二さんのレスリング歴はもう十年。長く続ける秘訣《ひけつ》は、どのようなところにあるのでしょうか。

入不二　「本当に自分が面白いと思えるものであるか」が大事なのではないでしょうか。私の場合、

これといった目的があってレスリングを始めたわけではありません。格闘技はけがをすることも多いので、「健康のため」と言うと少しニュアンスが違いますし、「試合に勝つため」にやってい るわけでもない。そう考えると、やはり私は、ただレスリングが楽しいから続けているのです。レスリングで組み合っていると、子どもの頃の感覚を思い出します。私は団地育ちで、幼少期はよく団地の芝生で友達と取っ組み合って遊んでいました。あの頃、体の奥に植え付けられた記憶がよみがえってくるのです。

つまり、私はレスリングを「皮膚接触レベルでのコミュニケーション」として体感しているのだと思います。肌が触れ、呼吸を感じることが心を落ち着かせる感覚もありますしね。私にとってレスリングは、もはや「快楽」と言える活動になりました。

――子どもの頃の楽しかった記憶と、老年期に注目するものが、実はどこかでつながっているということでしょうか。それは新鮮な発見です。すると、シニアが自分に合うスポーツや趣味を考える場合、「子どもの頃、夢中になったこと」などを思い返してみることが、大きなヒントになりそうですね。

入不二　それは言えると思います。幼少期と老年期に抱く欲求は、実は似ています。人生の中間の青年期や壮年期になると、子どもの頃に抱いていた欲求や自分のしたいことは、ある程度制限されてしまいます。社会の中で生きることで、さまざまな制約を受けていますからね。ただ、老年期というのは、そういった縛りからもう一度解放される時期でもある。そのような状態が、幼少期とリンクするのだと思います。

年を取ったら、ゆっくりと幼少期の記憶を思い返してみる。そうすることが、老年期に充実した時間をつくり出すのかもしれません。

スポーツを続けるために、体力維持と「嫌なことはしない」

――六十一歳の現在も、仕事やスポーツの場で活躍されていますが、「生涯現役」を実現するために意識していることはありますか。


入不二　最近は、年齢のことを考えて、レスリングの練習を週一、二回にセーブし、体を休ませることを第一に考えています。私のテーマは、あくまで「レスリングを長く続けること」。自分の体を追い込むよりも、レスリングを継続できるように整えることが大事なのです。

ですから、以前は結構やっていた筋トレも今はそんなにやりません。あまりやり過ぎると疲れがたまって、けがの原因になってしまうからです。最近になって、ようやく自分の年齢に合ったトレーニングの方法と量を把握しつつあります。

最近は、腕立て伏せやスクワットなどの自重トレーニングが中心です。自分の体重で筋肉に負荷をかけるものですが、今はそういった体づくりが理にかなっていると思っています。また、自宅の風呂場で一日五十回、四股を踏むことを日課としています。四股には、股関節のストレッチや体幹の鍛錬などさまざまな要素が含まれていて、運動できる体をキープしておくためにとても良いのです。

——ご自分の年齢に応じて、いかに無理せずにスポーツを続けられるかを考えているのですね。

入不二　特に、この年齢になると苦手な練習はやりません。以前はランニングもやっていましたが、そもそも走るのはあまり好きではないので、今はやっていません。老年期になると、残された時間は少ない。これからは好きなことだけをすればいいと思っています。

——入不二さんのこれからの目標を教えてください。

入不二　まずは、大学を定年退職する六十八歳までレスリングを続けることです。現在、青山学院大学でレスリング部の部長も務めているので、ロンドン五輪日本代表だった監督や強い学生にも相手をしてもらえます。これは宝物のような環境です。そしてその先も、できるなら何歳まででも続けられるよう、体を維持していきたいです。

シルバー人材センターに求められる高齢者という年代の捉え方

——入不二さんは、シルバー人材センターの取り組みをどのように考えていますか。

入不二　実を言うと、私の感覚では「シルバー人材センター」という名称自体に、違和感を覚えているのです。

もともと「シルバー」という言葉には、「高齢者」という意味はありません。そういうニュアンスを含む言葉になったのは、電車などに「シルバーシート」が生まれてからのようです。しかし、シルバーシートも、現在は「優先席」という言い方に変わり、「シルバー＝高齢者」という感覚は、すでに古いものになっています。

何よりも、高齢者を人材として捉える感覚が、少し違うのではないかとも思うのです。「人材」という言葉は、対象となる人を「有用性があるかないか」という観点で捉えるときに使います。

しかし、高齢者は本来、社会的な有用性や生産性という観点からは、解放されていていいはずです。むしろ、そういった枠組みから自由になり、社会に包摂されなくていい存在でしょう。高齢者というのは、人生における「特区」のようなもの。そこに入ったら拘束や束縛を受けない、特別な時期として捉えるべきなのではないでしょうか。

日本には元来、「会社の中で年齢を重ねる＝能力も上がる」といった通念があり、「年齢」と「能力」を一体化させて社会を成り立たせてきた一面があります。しかし、本来は、年齢主義と能力主義は独立なのです。だからこそ、人を年齢や生産性で区切ることなく、別の観点で見詰めることが求められているのだと思います。

そういった視点でシルバー人材センターの役割を捉え直してみると、もう少し広がりのある活動が展開できるのではないでしょうか。

INAGE
a motivated triathlon life
CLUB

何かを始めるのに年齢は関係ない、まずは「やってみる！」の精神で

2020年5月号掲載　取材／山辺健史　撮影／原　貴彦

稲田　弘

いなだ・ひろむ

「アイアンマン世界選手権大会」最高齢チャンピオン

1932年和歌山県生まれ。早稲田大学在学時は山岳部に所属。卒業後、NHKに入局し、記者として勤務。60歳のときに、妻の介護のため退職。その後、水泳やロードバイクを始め、70歳でトライアスロンのレースデビュー。2011年、ハワイ島コナで開催された「アイアンマン世界選手権大会」に初参加。以来、9回連続で出場し、現在はコナ最高齢完走者記録（85歳）を持つ世界チャンピオン。

七十六歳から始まったアイアンマンへの挑戦

――稲田さんは七十歳からトライアスロンに打ち込み、七十六歳からはアイアンマンレースにも挑戦。ハワイ島コナで行われる世界最大規模の「アイアンマン世界選手権大会」にも連続で出場されています。

稲田　この大会は、三・八kmの「スイム」（水泳）に続き、約百八十kmの「バイク」（自転車）、その後、約四十二kmの「ラン」（マラソン）を行う過酷なレースです。私は二〇一八年、八十五歳で完走することができ、最高齢の世界チャンピオンになれました。

――二〇一九年十月にも、この選手権に参加されたそうですね。

稲田　九回目の挑戦でしたが、残念な結果に終わりました。バイク終盤で惜しくも制限時間切れで棄権することになったのです。

ただ、原因は、はっきりしています。脱水症状で塩分不足になってしまい、何度も足がつって、ロードバイクをこげなかったのです。ハワイは暑いし、汗も大量にかく。だから、水分補給には気を付けていたのですが、塩気のある食べ物をほとんど持っていかなかった。途中で塩分が取れないわけですから、それで体が悲鳴を上げてしまいました。

過去にもそのような失敗を何度もしましたが、以前の反省が生きていなかった。とても悔しかったですね。

――今後、どのように気持ちを切り替えていきますか。

稲田　同じ失敗を二度としないようにするしかないですよね。だから、以降の練習では、水分と塩分を意識的に取り入れるように心掛けています。

トライアスロンが中心。練習にまい進する毎日

――八十七歳の現在も、ほぼ毎日練習に励んでいるそうですが、どのようなメニューをこなしているのでしょうか。

稲田　所属する「稲毛インターナショナルトライアスロンクラブ」で、コーチが設定する練習メニューを行っています。約三千mを一時間半かけて泳ぎ、次に百～百二十kmをロードバイクで走ります。そして、ランを五～十km。こういった練習を週に六日続けています。

――そのようなハードな練習に耐えるために、気を付けていることはありますか。

稲田　一番大事だと思うのは、食べ物ですね。朝食と夕食は自分で作り、八年間ほぼ同じメニュー。朝は、野菜が十四種類入ったスープを丼で二杯、ライ麦パン、果物、豆乳などです。夕食は玄米一杯と焼き魚、豆腐などが主体です。いつも同じメニューだと、「食が少し細くなったな」など、自分の体の変化がすぐに分かります。また、「今日は何を食べようか」と考えずに済むのもいい

ですね。もっとも、毎日が練習で忙しいので、献立について悩む時間がないというのが正直なところです。

――自分に何が合うかを考え、それを毎日続けることが大切なのですね。シニア世代の皆さんにも参考になると思います。

稲田　何事も続けることは重要です。もちろん、練習がしんどく思えるときはあります。しかし、体調や天気に左右されず、決めたメニューを持続することを大切にしています。毎日行うことで、加齢による体力の低下も抑えられますし、次の目標も見えてくるのです。

ささいなきっかけから挑戦は始まった

――稲田さんがトライアスロンに挑戦された経緯は、どのようなものでしょうか。

稲田　六十歳のとき、妻の介護で勤めていたＮＨＫを退職しました。しかし、仕事を辞めてしまうと、ずっと家にいる生活になりがちです。「それでは駄目だ」と、家の前にできたスポーツジムに入会したのが運動を始めたきっかけです。最初は健康維持が目的の軽い気持ちでしたが、試しに水泳を習ってみたところ、最初は三ｍも泳げなかったのに徐々に距離が伸びていき、だんだん面白みを感じてきたのです。

ロードバイクを始めたのも、ささいなきっかけです。「アクアスロン」（スイムとランのみの競技）大会に出場したときに、目にしたロードバイクが本当に格好良くて。それで思い切って自分も乗ってみたところ、風を切る感覚が楽しかった。それからは夢中になりましたね。

ロードバイクを始めてからすぐに妻が亡くなり、さらにトライアスロンに打ち込みました。七十歳からは年に三、四回は大会に出場するようになりました。

——それまで以上に、稲田さんがトライアスロンにのめり込んだきっかけには、忘れ難い出来事があるそうですね。

稲田　転機となったのは、七十六歳のとき。九州の五島列島で開催された「アイアンマンジャパン」（当時）という大会に初めて出場したのですが、途中で制限時間をオーバーして失格になってしまいました。そのとき、関係者から「我流の練習だと伸びません。きちんとプロに鍛えてもらった方がいいですよ」とアドバイスを受けたのです。そこで、思い切って今いるクラブに入会することにしました。オリンピック選手も所属する名門なので、最初は「私が入ってもいいのか」と逡巡《しゅんじゅん》していたのですが、「月謝を払っていただけるなら大丈夫ですよ」と言われて（笑）。

それからは、練習内容もモチベーションもがらりと変わりました。生活がトライアスロン中心になったのです。また、オリンピック選手と同じ練習をこなしているうち、自分でもすごく進歩を感じるようになりました。練習中に「こう動いたらいい」「これなら体が楽だ」といったさまざまなひらめきが得られるようになり、さらに「それを明日試してみたい」と思うようになる。その繰り返しが、楽しいと感じたのです。

この競技に対する強い気持ちも生まれました。同じクラブに所属する上田藍選手（三度のオリンピックに出場した、日本トライアスロン界の第一人者）とロードバイクでコートを走っているとき、彼女が追い越しざまに「付いてきて！」と私に言ったのです。「それは無理だよ」と一瞬思ったのですが、それでも気持ちは行こうとする。そういう刺激が日々、自分を奮い立たせてくれています。

周りの期待に応えるため、力の全てを尽くす

――二〇一五年の世界選手権大会で、稲田さんのことが世界中に知れ渡ったそうですね。

稲田　ランの制限時間を五秒オーバーして失格になってしまい、各国のメディアやＳＮＳで私が倒れ込んだときの写真が拡散されました。

すると、私のフェイスブックに「あなたの姿を見て感動した！」「頑張ってください」という激励の声が世界中から届くようになりました。それからは、「もはや、自分勝手にレースをやっている場合じゃない」という気持ちになったのです。

今では、そのような皆さんの応援が、競技を続けるモチベーションになっています。コーチや同じクラブの仲間も、毎年のように自費でハワイまで応援に来てくれます。本当にありがたい限りです。

いつまでも「生涯現役」。チャレンジを続けていく

――これからの目標を教えてください。

稲田　二〇二〇年十月に行われる「アイアンマン世界選手権大会」で、ぜひとも完走したいです。今回で連続出場十回目ですし、米寿の記念参加でもあります。節目の年に、良い成績を残したいですね。

――何歳になってもチャレンジを続ける稲田さんの姿は、シルバー人材センターに関わるシニア世代の良き参考になると思います。「生涯現役」を目指している会員に、メッセージをお願いします。

稲田　高齢になって何もしないでいたら、人間は本当に駄目になってしまうと思います。「得意なことを生かしたい」という気持ちや「誰かのために」という心意気は、シニアになればなるほど大切です。そして、何事も「年を取ったから無理だ」とは考えず、「やってみる」ことが大事だと思います。

私は何もできない状態から始めたのにもかかわらず、トライアスロンの世界大会に出られるまでになりました。「私ができたのだから、あなたもできる」と周りの人にいつも言っているのです。私は今が青春。皆さんにもぜひ、何かを始めていただきたいと思います。

コロナ時代に重要な人とのつながり、社会貢献がシニアの健康を支える

2020年11月号掲載　取材／山辺健史

鎌田　實

かまた・みのる

医師、作家

東京医科歯科大学医学部卒業後、長野県の諏訪中央病院へ赴任。30代で院長となり赤字病院を再生。地域包括ケアの先駆けをつくった。チェルノブイリやイラクへの国際医療支援、全国被災地支援にも力を注ぐ。現在、諏訪中央病院名誉院長、日本チェルノブイリ連帯基金理事長、日本イラクメディカルネット代表、地域包括ケア研究所所長。著書は『がんばらない』（集英社文庫）など多数。

コロナ禍を生きるため、意識する「つながり」

――新型コロナウイルス感染症（以下、新型コロナ）の拡大によって、人と人のコミュニケーションの在り方や働き方など、現代人の価値観は大きく揺れています。今までとは違う〝新しい生活様式〟となり、戸惑っている人も多いはずです。こうした中、生きる上でどのようなことを大事にすべきだとお考えでしょうか。

鎌田　やはり欠かせないのは、さまざまな「つながり」ではないでしょうか。私は、人が生きていくためには、四つのつながりが必要だと考えています。それは「人と人のつながり」「心と体のつながり」「人と自然のつながり」、そして「生と死のつながり」です。

まずは、「人とのつながり」です。感染拡大防止のため、ソーシャルディスタンスは守るべきですが、さまざまな予防策を講じつつ、リモートなども積極的に活用して、それでも人と人は出会い続けるべきです。

「心と体のつながり」も大事です。体が元気でいるためには、心も健康でないといけません。そういう意味では、感染症が拡大している時代だからこそ、心の健康を保てるような芸術や文化の価値はより高まるはずです。そして、心身を元気にすることで新型コロナと共存していかなければなりません。

また、「人と自然のつながり」でいえば、合理性や効率を優先してきた今までの都市の在り方や人々の暮らし方も見直されていくはずです。その際に、今は遠ざかっている人と自然との距離も〝再考すべき時〟がくるような気がします。

「死」に向き合うことで「生」の自覚を得る

――「生と死のつながり」については、実感としても理解できます。ここ数か月の間で新型コロナによってさまざまな方が亡くなり、病や死を強く意識させられました。

鎌田　確かに、新型コロナが拡大していくにつれ、私たちはいや応なく死を直視せざるを得なくなりました。しかし一方で、死を自分ごととして捉えることで、新型コロナを経た〝アフター・コロナ〟の時代に、より良い社会を迎えられるヒントも得られるような気がしています。

元来、日本人は自分たちの死を曖昧に考えてきました。特に、元気で働いているような人にとって死は「自分とは関係ない」「遠い存在で、考えるのが面倒くさい」といったものだったはずです。しかし、私は、死に向き合うことは大事なことだと思うのです。なぜなら、「死をどう迎えるか」が決まれば、同時に「死ぬまできちんと生きよう」とも思えるからです。

例えば、死を自覚した上で、葬式の仕方や延命治療の有無を自分で決めてみる。そうすることで少し気が引き締まり、生きることにメリハリが生まれるような気がします。

「生と死のつながり」を考える上では、生と死は別々のものではなく、緩やかにつながっているものと捉えた方がいいと思います。死をしっかりと見詰めることで、生も肯定的に捉えていく。今はそういう時代にあるのだと思います。

運動と食事で実現する「ピンピンひらり」

――充実した生を過ごすために、具体的に実践すべきことがありますか。鎌田さんは現在七十二歳とのことですが、とてもお元気そうに見えます。実際に行っている日々の習慣があるとお聞きしました。

鎌田　寝たきりにならず死ぬまで元気に過ごす「ピンピンコロリ（ＰＰＫ）」という言葉がありますが、私は「ピンピンひらり（ＰＰＨ）」を実現したいと常々思っています。最期の瞬間まで動き続けて、その時がきたら家族に手をかけることもなくひらりと身をかわすように逝く。そんな死を目指したいと思い、つくった言葉です。

そして、ピンピンひらりを実現するための健康を維持するポイントは、「筋肉」だと考えています。運動をして筋肉を強化すると、血糖値や血圧が下がります。さらには「マイオカイン」という筋肉作動性物質が分泌されて、がんや認知症、うつ病を予防する可能性もあるのです。シニアには、貯金ならぬ「貯筋」が重要でしょう。

――どうすれば、貯筋ができるのでしょうか。

鎌田　お勧めするのはスクワットです。初心者は座りかけからゆっくり立ち上がるようなスクワットを一セット十回、それを一日に三セットやればいいでしょう。さらに負荷をかけたい人は、足を肩幅より大きく開いて行うワイドスクワットが効果的。これは毎日一セットくらいで大丈夫。そうするだけで美脚・美尻になるし、太ももが締まってきます。

また、食事などにも気を付けるべきです。大事なのは、タンパク質と野菜をたくさん取ること。欧米に寝たきり老人が少ない理由は、肉や魚などのタンパク質と野菜をしっかり食べているからだと思います。私たちが簡単に実践できるのは、食生活に意識的に卵や高野豆腐を取り入れることで、野菜たっぷりのみそ汁を、市販の弁当に足すだけでも栄養価が全然違います。ぜひ、実践していただきたいです。

データが証明。社会貢献は健康寿命を延ばす

――ピンピンひらりのためには運動や食事とともに、シルバー人材センターで働き続けることなども効果があるのでしょうか。

鎌田　もちろんです。シニアにとって、働いて社会貢献することは健康を保つ大きな要素の一つです。

アメリカのブリガムヤング大学の研究によると、健康寿命の延びに大きく影響するのは、「太り過ぎない」「運動する」「酒を飲み過ぎない」「たばこを吸わない」よりも、「社会とのつながりの多さ」ということです。

また、アメリカのカーネギーメロン大学の研究では、年二百時間以上のボランティア活動を行う高齢者とそうでない高齢者を比較した場合、「ボランティアをする高齢者の方が高血圧になるリスクが四〇％も低い」と結論付けられています。これらのデータが示す通り、シルバー人材センターのような場所での就労や社会貢献の効能は、医学的にも意義のあることなのです。

シルバー人材センターの仕事というのは、「キツい、汚い、危険」の「３Ｋ」ではありません。「きつそうに見えるけどきつくない」。さまざまな能力を社会に還元することで「感謝される」。そして、「けっこう格好いい」。その三つの頭文字の３Ｋだと思いますよ（笑）。

これからも、より大きな役割を担えるはずです。

○や×ではなく、無数の△を追い求める

――シルバー人材センターの会員に、メッセージをお願いします。

鎌田　私自身も七十歳を超えましたが、生きていく上では物事に対して、「○＝正解」とか「×＝不正解」といった選択肢だけでは足りないことが分かってきました。むしろ、無数の「△＝別

解」を追い求めることが人生だ、と思っています。

二十代、三十代のころは、○や×のどちらかを追い求めてもいいかもしれません。でも、シニアになってくると、人生には絶対的な○や×などというものはほとんどないことを実感します。仕事に関しても、給料が良く、やりがいもあり、能力も発揮できるような、全てに満足できることなどほぼないわけです。だから、○に近い、自分に合う△を探して進んでいくような生き方が、本当なのかもしれません。

もちろん、私も自分の役に立てることで、進んでいこうと思っています。

現在は、長年の友人である歌手のさだまさしさんと共に、公益財団法人「風に立つライオン基金」として約二千万円を使って、新型コロナの最前線への衛生物品の調達や介護崩壊を防ぐための支援などを行っています。

また、最近では若い医師たちに頼まれて、北海道や東京の町田市で地域医療を進める一般社団法人「地域包括ケア研究所」の所長にもなりました。

このように、この年で忙しいのはとても感謝すべきことです。これからも走り続けたいですし、九十歳でもスキーを楽しめるように少しでも元気でいたいと考えています。

ぜひ、一緒にピンピンひらりな人生を目指しましょう。

年を取るほどに謙虚な姿勢が大事、目指すはチャーミングで元気な老人

2021年3月号掲載　取材／山辺健史　撮影／原　貴彦

毒蝮三太夫

どくまむし・さんだゆう

俳優、タレント

1936年東京都生まれ。12歳のとき舞台「鐘の鳴る丘」でデビュー。1959年日本大学芸術学部卒業後、本名の石井伊吉として映画や舞台で活躍。1966年、ＴＢＳ「ウルトラマン」のアラシ隊員役で人気を博した頃、日本テレビ「笑点」出演中に毒蝮三太夫に改名。1969年からＴＢＳラジオ「ミュージックプレゼント」でパーソナリティーとして活躍。1999年、聖徳大学短期大学部客員教授に就任（現在、聖徳大学客員教授）。
You Tube［マムちゃんねる］配信中。

高齢者をひとくくりにせず その人自身の人生を見る

――毒蝮さんは、五十年以上出演しているTBSラジオの「ミュージックプレゼント」などで、高齢者に〝ジジイ〟〝ババア〟と呼び掛ける毒舌で有名ですが、そうした接し方でも高齢者にとても人気があります。どのような秘訣《ひけつ》があるのですか。

毒蝮　お年寄りと接するときに大事なのは、〝相手を見抜く力〟だと思いますよ。「ミュージックプレゼント」でも、「どこまで言って大丈夫か」と微妙に表情を読んで話し掛けているしね。

それと、〝高齢者〟とひとくくりにせず、その人自身を見ることがこつかな。老人ホームのお年寄りにも、百人いたら百通りの人生がある。その人が、どんな人生を歩いてきたかをないがしろにしちゃいかんと思うんだ。

また、お年寄りに接するときは一人一人にきちんと名前を聞いて〝キミちゃん〟というように、固有名詞で呼ぶようにしているよ。そうやって名前で呼ぶと、とてもうれしそうな顔をしてくれるんだ。こっちまで幸せな気分になっちゃうね。あとは、俺の〝美貌〟と〝教養〟が、相手を快適にするんでしょう（笑）。

必要なのは傾聴。同じ話でも聞いてあげるといい

――〝ジジイ〟〝ババア〟とラジオで呼び掛けるようになったきっかけは何だったのですか。

毒蝮　〝たぬきババア〟と呼んでいた俺のおふくろが死んだ直後、昭和四十八年かな。「ミュージックプレゼント」の生放送現場に行ったら、やたらと元気がよくて大声のババアがいたんだ。それで、おふくろのことが二重写しになっちゃって、つい「うるせぇ！　ウチのおふくろは死んだのに、こっちのババアは元気だな！」って言っちゃったんだよな。

最初は抗議がたくさんきたけど、当時のプロデューサーやディレクターは、「言葉は悪いけど、マムシさんのお年寄りに対する優しい気持ちは感じられる」と言って守ってくれた。それから開き直ってやったら、徐々に生放送の現場にお年寄りのお客さんが増えて、いつの間にか〝ババアのアイドル〟なんて呼ばれるようになっちゃったんだ。

――そのような接し方は、子どもの頃の東京下町での暮らしが影響しているそうですね。

毒蝮　小学生の途中から中学生まで住んでいた、浅草近くの竜泉という町での生活がベースになってるね。そういう生い立ちは、お年寄りと接するときに今でも役立っていると思うよ。なにせ、下町の生活で人の愛想を読むのがうまくなったからね。子どもの頃は、近所に住むお金持ちの吉原の遊郭の息子にいろいろと面白いことを言っておごってもらっていたもの。相手が何を求めて

いるか察して、それを先回りで提供する。そうした資質が下町の暮らしで身に付いたのかもな。

――ラジオでは、毒蝮さんが意識的に高齢者の聞き役になっている場面も多いですね。

毒蝮　お年寄りは、話を聞いてもらいたいんだよ。接する上で一番大切なことは〝傾聴〟なんじゃないかな。お年寄りは、相手が「自分にきちんと向き合ってくれるかどうか」を測って接しているところもあると思う。だから、何度同じ話をしても、それはそれとして「うん、うん」って聞いてあげるといいよ。

高齢者のケア役として、シルバー人材センターに期待

――毒蝮さんから見て、シルバー人材センターの果たすべき役割とは何でしょう。

毒蝮　シルバー人材センターは、お年寄りに〝生きている〟と実感させて、それこそ快適に暮らしてもらうための場所だと思うよ。だから、高齢社会で一番期待したいところだな。

「ラジオでお年寄りと接していて思うのは、「ババアは元気」「引きこもりになっているジジイが心配」ってことなんだよな。ババアと違って、ジジイは生放送の現場にもあまり来なくて、来ても元気がない。そうしたお年寄りを掘り起こして、「こういう仕事をやってみない？」と勧めていくのがシルバー人材センターの役割だよ。社会との接点がないと情報に触れられないし、鬱《うつ》になっちゃうからね。

ただ、そのときには注意が必要だよな。高齢になると、体のあちこちにガタがきて、世の中から「あなたは生産性がない」と言われる。だから、彼らと接するシルバー人材センターの職員さんは、そういう〝負〟を背負っているお年寄りの気持ちを分かってやらないと。職員さんは「お年寄りの味方です」という温かい心持ちで、笑顔で対応してよ。草むしりの仕事で会うときにも、「具合はどう？」なんて聞いてあげること。ぜひ皆さんには、シニアのケア役を担っているつもりで接してもらいたいな。

頑固で偏屈なイメージを修正。「年寄りは謙虚であれ」

——高齢社会での高齢者の生き方について、毒蝮さんはよく、「若い人に世話を任すだけではなく、高齢者側の意識も大事だ」と話していますが、どのようなことでしょうか。

毒蝮　以前、俺の中でのお年寄りは、下町の大工だったおやじのイメージだったんだよ。年寄りは頑固で偏屈なもの。自分もそうなると思っていた。でも、今はずいぶん変わってきたよ。きっかけになったのが、今も尊敬している聖路加《せいるか》国際病院名誉院長の故・日野原重明《しげあき》先生とお会いしたこと。

日野原先生は、百五歳まで現役で診療や講演を続けられて亡くなった〝年寄りの神様〟みたいな人だけど、その先生が俺に言ったんだよ。「年寄りの極意は、素直に若者のいうことを聞いて、みずみずしく穏やかに過ごすことだよ」ってね。先生によると、若いときは傲慢《ごうまん》で人を押しのけてもいいが、年を取ったらより腰を低くするべきなんだって。要は「頑固な年寄りなんて良くないよ」ってこと。先生に言われて、俺の〝年寄り観〟が何回も修正されたね。

今でも「年寄りは謙虚であれ」と思っているよ。老人ホームに行ったときにお年寄りに俺は、「介護してくれる若者にもっと感謝しろよ」と言うこともあるもの。職員の献身にあぐらをかいて感謝もしないいなんて〝素直な、みずみずしいお年寄り〟とは真逆だよ。だから、「進んで助けてあげたいと思ってもらえるようなジジイ、ババアになるべきだ」って注意しているんだよ。

一方、若い人にも言いたいことがあるよ。昔、タレントのオスマン・サンコンさんが、「ギニアでは、高齢者が一人亡くなると〝一軒の図書館が燃えてしまった〟と表現する」と教えてくれたんだけど、それだけお年寄りの知恵は尊いということなんだな。だから、若い人はお年寄りを助けたお礼に、豊かな知恵を分けてもらえばいい。そう思っているとお互いさまで素晴らしいな、ってことなんだ。

コロナ禍では発想を変えて、できることを楽しむ

——新型コロナウイルスの感染拡大で、気軽に出歩いたり、会って話をしたりということができにくくなっています。そうした状況の中で、高齢者はどのように充実した日々を送っていけばい

いでしょうか。

毒蝮　コロナ禍で、外出や会合が制限されてお年寄りは大変だよ。俺もその一人だよ。しょうがないから、発想を変えていくしかないんだよな。俺の場合は、なんかやることを見つけようと思って、去年の二月から写経をやってるよ。これなんか、やればやるほど難しいし、奥が深いね。ここ最近は、書斎に入って、読まなかった本も読むようになった。あと、散歩やスクワットもしている。こんなふうに、このような状況でもやれることはあるんだよ。奥さんとも前よりもっとしゃべるようになったしね。これもコロナ自粛の効果かな。そう考えると、コロナ禍だからこそ経験できたことも多い。そう思っていくしかないね。

――今後の目標を教えてください。

毒蝮　これからも、お声が掛かるうちは仕事を続けていきたいね。

それと、今一番の目標は〝チャーミングで笑顔がすてきで元気なジジイ〟になること。目標はジョージ・クルーニーだね（笑）。あんなジジイが増えたら、若い人も「ああいう年寄りになりたい」と思って安心して年を重ねられるだろ。だから俺は〝話し掛けたい、写真を撮りたい、と思われるようなジジイの見本〟を目指してる。それで、九十歳になってもラジオで「うるさいな、このババアは！」ってやってるのも面白いだろ。

皆さんもお元気で、頑張りましょうよ！

第2章

チャレンジして成長する

新しいことへの挑戦もまた、毎日に大きな充実感をもたらす。
ここでは、高齢になっても新しい目標にチャレンジし、
生き生きと成長し続けるためヒントを考えていく。

IT活用と楽しむ姿勢で、シニアの社会的孤立を防ぐ

2018年9月号掲載　取材／山辺健史　撮影／原　貴彦

若宮正子

わかみや・まさこ

アプリ開発者、
シニア向けサイト「メロウ倶楽部」副会長

1935年東京生まれ。東京教育大学附属高等学校（現・筑波大学附属高等学校）卒業後、三菱銀行（現・三菱ＵＦＪ銀行）に勤務。定年をきっかけにパソコンを独学し、2016年にiPhoneアプリ「hinadan」を開発。現在、シニア世代のサイト「メロウ倶楽部」副会長、ＮＰＯ法人「ブロードバンドスクール協会」理事長も務める。

定年後にパソコンを習得。「翼を手に入れた」

──若宮さんは八十二歳でiPhoneアプリを開発し、その後米国アップル社が主催する世界開発者会議「WWDC　2017」に特別招待されたり、国連で講演をするなど世界的に注目を浴びています。そんな若宮さんですが、パソコンを始めたのは定年間近の六十歳の頃だったとか。きっかけはどのようなことだったのでしょうか。

若宮　長年銀行員として働いてきたのですが、退職後に待っていたのは、母親を一人で介護する生活でした。それを見越して私はパソコンを買うことにしたのです。

と言いますのは、私は元来「おしゃべり」な性分。なのに、生活の中心が母親の介護になってしまい、誰かと話す機会が少なくなることが不安だったのです。その点、家に居ながらにして多くの人とコミュニケーションが取れるパソコン通信は、まさに当時の私が求めていたもの。つまり私がパソコンを始めようと思ったのは、人と交流するためだったのです。

──**パソコンに初めて触れてみていかがでしたか。**

若宮　仕事でも使ったことがなかったので、接続に三か月もかかってしまいました。やっとつながって、画面に「ようこそ！」という文字が出たときにはとても感動しました。

そのとき、私が入会したのが、パソコン通信上の「エフメロウ」というサイト（現「メロウ倶楽部」)。職場の縁の中で過ごすことが多かった私にとって、職業や地域を超えてさまざまな人たちと交流できるパソコンとの出会いは、新しい世界の始まりでした。「どこへでも自由に羽ばたける翼を手に入れた!」と思ったほどです。

プログラミングに熱中し、シニア向けゲームを開発

——二〇一六年にシニア向けのiPhoneアプリ「hinadan(ヒナダン)」を開発されました。これは、ひな壇にひな人形を正しく配置するゲームですが、どのような経緯で作られたのでしょうか。

若宮 スマートフォンを利用しているときに、シニアが簡単に遊べるゲームアプリがないことに気付き、「なければ作ってしまおう」と思ったのです。その後すぐ、分厚い関連書を五冊ほど買ってプログラミングを勉強し、分からないところはIT会社の友人にSkype経由で教えていただきました。結局、完成まで約五か月かかりましたね。

——そんな短期間でアプリを作ってしまうとは驚きです。難しくはなかったのですか。

若宮 難しかったですが、それより、プログラミングの世界を体感できるうれしさの方が勝っていました。それに、たとえうまくいかなくても、誰かに迷惑を掛けるわけでも罰金を取られるわけでもありませんからね(笑)。だから、気軽に始めたというのが正直なところです。

――そのような取り組み方は、パソコンを始めたいと思っているシニアにとっても、参考になりそうです。

若宮　どういうわけか、シニアの方がデジタル機器に接する場合、とても大きな〝決意〟が必要のようです。そして、操作の初歩から習い始め、全ての機能を使いこなそうと頑張りがちになってしまいます。でも、それでは最初の段階で気疲れしてしまう。

一方、私は、作りたいものに必要な最低限の知識だけあればいいと思っていたのです。「ゲームを作りたい」という明確な目的を持ち、最短距離で楽しんでやったのが良かったのかもしれません。

〝楽しい〟を入り口に、「エクセルアート」を考案

――若宮さんの何事も楽しむ姿勢には、シニアが生き生きと暮らす大切なヒントが詰まっている気がします。

若宮　自分が楽しもうとする気持ちはとても大事です。例えば、私は表計算ソフトのエクセルで作る「エクセルアート」を考案しました。紗綾形《さやがた》やひし形など、日本の伝統的な文様を若い人に伝えたいというコンセプトで作っているのですが、これも実は、「楽しんでできることじゃないと続かない」という思いが元になっています。

私たちシニアにとっては、「表や決算書を作る」なんて、あまり興味がなかった。それより、エクセルアートを使ってカバンやブックカバーを作る方が面白かったのです。このようにまず、「楽しんでできること」を入り口に物事に取り組んでいく。その方が案外シニアには合うのではないかと思いました。

ネットが高齢者の孤独を解消する

――さまざまな活動に積極的に取り組まれていますが、高齢社会となった日本の現状をどのように見ていらっしゃいますか。

若宮　これからの日本では、「独居老人の孤立」が大きな問題になると思います。なにせ六十五歳以上の独り暮らしは、二〇一五年の時点で約五百九十万人もいて、これからも増え続ける一方だといわれています。

そういった状況を踏まえると、これからは、パソコンメールやSNSなどのバーチャルなコミュニケーション手段がもっと重要視されるのではないかと思います。それらを使うことができれば、手軽に近況を報告し合ったり、相談やお願いごともすぐに伝えることができるからです。

私が関わっている「メロウ倶楽部」でも約三百人のシニア会員が掲示板などで交流を続けています。ネットだからこそ、病気や死についての深い話ができる場合もあり、高齢者の孤独を解消する方法の一つとして可能性を感じています。

——安倍政権が主導する「人生１００年時代構想会議」の最年長有識者メンバーとしても活動されています。人生一〇〇年時代を生きるシニアにとって重要なものは何だと思われますか。

若宮　社会参加することが何より大事です。町内会の活動やボランティア活動などはまさにうってつけですし、それこそシルバー人材センターへの登録でもいいでしょう。見聞も広がりますし、孤立感も薄れていくはずです。

またこれからは、シニア世代にネットが浸透していくことで、「病気で引きこもりがちだから社会参加できない」ということも少なくなっていく。海外では、寝たきりの人でもコンピューターを介して、養護施設にいる子どもの相談に乗るなどさまざまな支援を行っている例もあります。

——シニア世代とインターネットがより接近すれば、もっと可能性が広がるということですね。

若宮　ただ、それにはシニアの側も再教育を受ける必要があります。ボランティア活動の連絡の多くはメールです。まずは最低限それに対応できるようにならないといけません。そのためには、シニアの方自身が自ら学び直す意欲を持つことが大切です。

独居シニアの自立を助ける、シルバー人材センターの役割

——高齢社会の日本で、シルバー人材センターが果たすべき役割は何でしょうか。

若宮　役割はたくさんあると思います。私も母を一人で介護していたとき、シルバー人材センターを利用した経験があります。家の中で母が危険な場所に行かないよう、簡易的な柵を作っていただいたのですが、あのときは本当に助かりました。シニアの独り暮らしというものは、そのような作業はもちろん、電気の取り替えやエアコンの掃除など、生活の中の些細《ささい》なことができなくなるもの。シルバー人材センターには、そういったシニアの細かいニーズを吸い上げる姿勢が大事だと思います。

――全国にあるシルバー人材センターの中には、「シルバーお助け隊」などの名称で、シニア向けの「日常の生活の困りごと」の支援を行っているところもあります。

若宮　サービスを広く周知してもらうことがまずは重要かもしれません。高齢者が独りで暮らしていても、ほんの少しの支えがあれば自立は可能だと思いますから。

――最後に、シニア世代へのメッセージをお願いします。

若宮　まずは一歩、社会に踏み出しましょう。外に出ると、世の中がすごいスピードで進んでいることが分かります。道端で子どもたちが携帯電話でポケモンを探している姿を見れば、バーチャルリアリティーの世界の進歩を実感することだってできます。

シニアには、今の「時代の空気」を感じ、少しでも興味を持ってほしいのです。日々を楽しんでいれば、好奇心はいつまでも年を取りません。これからも一緒に人生を満喫しましょう！

81歳・現役料理家が
教える料理入門
小林まさるの
カンタン
小林まさる
ごはんが
おいしい

経験を生かし「前へ！」の精神で生きがいをつかみ取る

2018年11月号掲載　取材／山辺健史　撮影／佐藤顕子

小林まさる

こばやし・まさる

料理研究家

1933年樺太生まれ。終戦後、15歳で北海道に引き揚げる。学校卒業後、炭鉱で機械エンジニアとして働き、27歳から3年間ドイツへ赴任。その後、鉄鋼関係の会社に転職し定年を迎える。70歳のとき、息子の妻で料理研究家・小林まさみの調理アシスタントになり、自身も料理研究家としてデビュー。著書に『人生は、棚からぼたもち！』(東洋経済新報社) などがある。

「手伝おうか?」がきっかけで、七十歳から料理の世界へ

――小林さんが料理の世界に飛び込んだのは、七十歳を過ぎてから。八十五歳の現在もプロの料理研究家としてテレビや雑誌などさまざまなメディアで活躍されていますが、料理に携わるようになったきっかけはどのようなことだったのでしょうか。

小林　料理研究家としての私のスタートはひょんな出来事からでした。長年働いていた鉄鋼会社を六十歳で定年退職し、その後しばらくしてから息子や嫁と同居を始めたのです。

そうしている最中に嫁のまさみちゃんが調理師学校に通うようになり、料理研究家・小林まさみとして活躍するようになりました。そして、彼女が初めてのレシピ本を出版する際、とても大変そうにしていたのを見かねて、「ちょっと手伝おうか?」と声を掛けたのがきっかけで、アシスタントとして彼女をサポートするようになりました。やがて私自身も料理研究家として活動するようになっていったのです。

――定年後で自由な時間が増えたとはいえ、全面的にまさみさんの手伝いをするようになったのはなぜですか。

小林　とても一生懸命に仕事に打ち込む姿を見ていましたからね。朝早く起きて夜遅くまでずっと料理の試作を繰り返すなど、あの頃のまさみちゃんは本当に忙しそうでした。だから、少しで

も助けてやりたいという気持ちで「手伝おうか？」と言いました。

――突然、アシスタントをこなすことになったわけですから、苦労も多かったのではないかと想像します。実際はいかがだったのでしょうか。

小林　もちろん最初はうまくできないことが多くて、ケンカもよくしていました。でも、慣れていくと、野菜の皮むきなどの料理の下ごしらえや買い物などを信頼して任せてもらうようになりました。

実は、私の妻は体があまり丈夫なタイプではありませんでした。当時働いていた鉄鋼会社は一日三回の交代制の勤務で、夜勤のときなどに日中の買い物がしやすかったこともあって、子どもたちの食事作りを含めた家事全般を私が担当していたのです。そういう経験があったのも、功を奏したのかもしれません。だから、まさみちゃんが「料理研究家になりたい」と言ったときも、「家のことは全部俺がやるから、精いっぱい打ち込みなさい」と話したくらいでした。今でも、自宅の家事は私がほとんどやっているんですよ。

七十八歳で料理本を出版。ご飯・お酒に合うレシピを

――そうしているうちに、まさるさんご自身にも仕事の依頼があったのですね。

小林　七十五歳のときに、季刊の雑誌で毎回五品のレシピを紹介する連載をいただき、七十八歳

でそれらをまとめた単著『まさるのつまみ』（主婦の友社）を出版させていただきました。

——料理研究家として活動する中で、特に気を付けていることはどのようなことでしょうか。

小林　まず「どこでも手に入る材料で作る」ことをモットーとしています。また、「さっと簡単にできる」「調味料やスパイスなどをあまり多用せず、素材を生かす」ことを念頭に、おいしくてご飯やお酒に合うレシピを心掛けています。

年齢にかこつけて何もしないのは、もったいない

——小林さんは七十歳から再度、働き始めたわけですが、高齢になっても働き続けるという状況はシルバー人材センターの会員像とも重なります。

小林　私がいつも考えているのは、シニアはシニアなりに、若い人たちの補佐ができるのではないかということです。シニアは「若い者には負けたくない」「今の若いやつはなってない！」などと考えがちですが、それは大きな間違い。若い者には負けてもいいのです。これからの時代を担う若者は常に頑張っているし、いろいろなことができなければおかしいでしょう？　ただ、こちらには長い年月で培った経験がある。だから、変な意地やこだわりを捨てて、若い人たちのためにその能力を使っていけば、社会の中でまだ何か役立てることがあると思うのです。

——そういった考えは、まさしくシルバー人材センターの目指す役割と近いですね。

小林　私の信条は「年だからやめた、年だからダメだ」と、年齢にかこつけて何もしないのはもったいないということ。年のせいにして物事を諦めるのは、シニアが抱きがちな大きな過ちです。年だからこそやるべきなのです。シニアは背中に棺桶《おけ》を抱えているようなもの(笑)。だから、前に進むしかないのです。

最近、家に閉じこもったまま何もしないというシニアも多いと聞きますが、その状態こそがさまざまな病気の元凶です。そんなことでは人生の楽しさなんて感じられない。生きがいは、待っているだけでは誰も与えてくれません。だからこそ、自分からつかみにいかないと。私はそう思っています。

――そのように考えると、シルバー人材センターという存在がシニアにとってチャンスをつかむ、一つのきっかけになりそうですね。

小林　それは言えますね。家から出て、何かできることを実行すべきなのです。

私だって、まさみちゃんのアシスタントとして、定年後の社会から離れた暮らしから一歩前に進んだことで出版社の目に留まり、本を出すことができたわけですから。

「面倒くさい」をやめれば、食事作りも楽しくなる

――高齢者の問題として、昨今「孤食」というキーワードが注目を浴びています。独り暮らしの

高齢者が増え、食事の際も「買い物や料理をするのが面倒くさい」と出来合いの総菜などで済ませてしまうことが多いようです。食のプロとしてこのような現状をどのように捉えていますか。

小林　シニアの皆さんには、その「面倒くさい」をやめることから始めていただきたい。買い物や料理といっても、なにも大上段に構える必要はないのです。独り暮らしのシニアがいきなり料理をたくさん作ったり、手の込んだものに挑戦しようとするのは難しい。なので、まずはおっくうにならない程度のもので、例えば「今日の夕食を一品だけ作ろう」と買い物に行くことから始めてみればいいのではないでしょうか。

趣味で料理を作るときに、道具をそろえて参考本も買って「あれを作ろう、これをやろう」と多くのことを目指す人がいます。しかし、それでは途中でイヤになってしまいます。シニアだからこそ、まずは易しいものからスタートすべきなのです。冷蔵庫を開けて納豆が残っていたら、それを使って何を作るか考える。まずはネギを切って入れてみて、次に「キムチを買って来て入れよう」「たくあんならどうか」と工夫を重ねていく。そういう具合に小さいものから手を出していけば、「面倒くさい」に打ち勝って、楽しみながら好きなものを作れるようになるのです。

心身を意識して動かし、自分の夢を持つ

――小林さんと接していると、とてもお元気な印象を受けます。忙しい日々の中で、心身共に健

康でいるために気を付けていることはありますか。

小林　仕事でもなんでも、くよくよ考えないことですね。

シニアになると、時間の融通が利くので、物事を長い時間、深く考えがちです。そうすると、どうしても後悔や怒りなどのマイナスの感情になってしまうことが多い。だから、済んだことはあまり自分で蒸し返さないことが重要だと思います。私も料理の味付けなどで後悔することはありますが、そういうときは早めに寝てしまう（笑）。起きたら忘れているので、わざとそのようにしています。また、よく体を動かすことも心掛けています。一日一回、風呂の中で入念な体操をしていますし、買い物に歩いて行くことで健康を維持しています。

さらには、意識して頭を動かすなど、脳トレも積極的にしています。買い物では常に食材や調味料の組み合わせを考えて、町を歩いているときには家々の表札を見て同じ名前の昔の友人との思い出を頭に思い浮かべるようにしたり……。車に乗るときは、通り過ぎる車のナンバー四ケタで〝おいちょかぶ〟をする（笑）。このように、楽しみながら頭を動かしてトレーニングをするのも日課です。

――今後の目標を聞かせてください。

小林　定年を迎えた男性シニアを募って何品かつまみを教え、終わった後、それらで酒を飲むような「まさるの学校」を開きたいですね。そこで同世代の方たちと、うまいつまみと昔話を肴《さかな》に酒を酌み交わせたら最高ですね。ぜひ、実現したいと考えています！

適用料率関係通達要覧
民営職業紹介事業Q&A
労働協約

傾聴ボランティアで高齢者に寄り添い、笑顔になってもらう

2019年11月号掲載　取材／山辺健史　撮影／佐藤晶子

鈴木絹英

すずき・きぬえ

NPO法人日本傾聴ボランティア協会
理事長

中国・北京市生まれ。アメリカで「シニア・ピア・カウンセリング」を学び、その理念に基づき1997年に日本初の傾聴ボランティア活動を開始。1999年、NPO法人ホールファミリーケア協会（現・日本傾聴ボランティア協会）を設立。現在、行政や社会福祉協議会、介護施設などの依頼を受け、講演やボランティア育成活動を展開している。「2013年度エイジレス・ライフ実践事例」（内閣府）に選定された。

シニア世代から注目を集める「傾聴ボランティア」とは？

――昨今、シニア世代の社会貢献として「傾聴ボランティア」の人気が高まっていると聞きます。そもそも、傾聴ボランティアとはどのようなものなのでしょうか。

鈴木　傾聴ボランティアとは、個人宅や高齢者施設などに伺い、入居者からお話を聴かせていただく活動のことです。現在、行政や社会福祉協議会などが主導して行う研修に参加された皆さんが、全国規模で活動しています。

最近では、地域のケアマネジャーや地域包括支援センターなどからの依頼を受け、高齢者宅に伺って一対一で傾聴する形も増えてきました。こうした、個人の傾聴依頼が増加している背景には、地域で孤立した高齢者が増えているという社会状況があると思います。

――傾聴ボランティアに興味があるシルバー人材センターの会員もいると思います。傾聴を始めるためには、どうすればいいのでしょうか。

鈴木　まず「傾聴ボランティア養成講座」を受講することが必要です。傾聴で一番大事なのは、ただ漫然と耳を傾けるだけではなく、話を受け止めて聴きながら共感を示すこと。そして、その結果として相手に孤独感や不安を和らげてもらうこと。そうした対応の仕方を理解していただくために、講座を通じて傾聴の際のうなずき方や話の促し方、質問の仕方などをお伝えしています。

もともと傾聴というのは、カウンセリングの分野から発生した聴き方の技法ですが、ＮＰＯ法人日本傾聴ボランティア協会（以下、協会）が提唱するものは、それとは少し異なります。カウンセリングでは悩みを聞いて話し手の相談に乗ることが目的ですが、協会の傾聴は原則として悩み事を解決しようとはしません。相談よりも「聴くこと」自体に大きな意味があるという考え方をします。ですから協会の傾聴は、練習次第で誰もが行えます。いわば、人と人とのコミュニケーションの基本のようなものだと位置付けているのです。

——協会では、そのような方法論を体系化しながら、先駆的に傾聴ボランティアを養成されてきたそうですね。

鈴木　約二十年前に協会を設立してから、現在まで二千三百回に及ぶ傾聴ボランティア養成講座を行い、卒業生は十一万人を超えます。今では、講座を開催していない都道府県はほとんどないでしょう。

——どのような人が傾聴ボランティアを目指しているのでしょうか。

鈴木　五十〜七十代が主です。その多くが、高齢の親との関係性を見詰め直したことをきっかけに、傾聴を習おうとしたと言います。

例えば「親の介護のときに、十分な関わり方ができなかった」と、後悔して始める人が特に多いです。実は、私もその一人でした。また、後半生の生きがいづくりとして習う人もいて、皆さんがそれぞれの目的で活発に活動しています。

傾聴で生まれる、高齢者と聴き手の相互支援

――シニアが傾聴ボランティアに引かれる理由は何でしょうか。

鈴木　「役に立っている」という実感が得られるからだと思います。相手に向き合いじっくり話を聴くと、話し手は本当にすっきりとした表情になり、「ありがとう」と感謝してくれます。

私はずっと前、一年半ほど傾聴を続けた高齢女性からこんなことを言われたことがあります。「私の人生には話せないことがいっぱいあって、墓場まで持っていこうと思っていました。けれども、あなたにたくさん話を聴いてもらうことができて、本当にうれしかった。立派な〝死に花〟を咲かせてもらいました」と。そのときのことは、今でも忘れません。

傾聴することで、相手が元気になることは多いです。そのため、何度も同じ昔話をする高齢者に出会ったとしても、いつも初めて聴くような関心を持つ態度が大事です。すると、その人は、自分の話が相手にきちんと届いていると実感し、最後はとても晴れやかな表情になるのです。

高齢者は誰しも物忘れが多くなり、心身共に衰えてくる状態にあります。そうした不安を取り除くのが、話を聴くことなのです。誰からも必要とされないような大きな寂しさの中にいる彼らにとって、かつて輝いていたころの話は心の支えになります。「仕事をバリバリやって、すごいことを成し遂げた」「子育てで忙しかったけれど、充実していた」といった話は、その人にとっ

ては大切な宝物のようなもの。それを聴き手が上手に聴くことで、昔の記憶を再確認できるようになる。また、そうしていくうちに、「自分も頑張っていたな」「良い時期もあったんだ」と振り返ることにもなる。それが高齢者の自信を取り戻すことにつながっていくのです。

ただし、そのような聴き方ができるためには、傾聴的に聴くロールプレイなどの練習が必要です。相手が話したくなるような適度な相づちや、「その後どうなったのですか？」という促しを使いながら、上手に話を聴いていくことが大事です。

――逆に、ボランティアの側が得られるものはあるのでしょうか。

鈴木　たくさんあります。まず、話を聴くことによって高齢者の活力を支えているという実感が得られます。そうした自己有用感は、聴き手自身の生きがいにつながります。また、高齢者の話を聴くということは、知らないことを知ることでもあります。何しろ、高齢者の知見や経験は「人生の図書館」のようなもの。そこから学ぶ仕事、家族の話はもちろん、過去の歴史の話なども人生の肥やしとなるでしょう。傾聴は話し手と聴き手のどちらかだけが癒やされるような、一方通行の関わりではないのです。相互支援のウィンウィンの関係となる活動と言えるでしょう。

シルバー人材センターと連携し、傾聴の養成活動を行う

――協会とシルバー人材センター（ＳＣ）が連携したボランティアの養成もあるようですね。

鈴木　協会は現在まで、埼玉県さいたま市や草加市、茨城県古河市のシルバー人材センターと一緒にやらせていただきました。

特に、さいたま市ＳＣの場合は、十年以上前から養成講座を開講しています。一期で四十時間の受講を必要とする長時間の講座ながら、毎回、定員の四十人を超える応募があり、市民の関心の高さを物語っています。

講座を全て受講した後は、シルバー人材センターに入会し、傾聴ボランティアサークル「あゆみ」のメンバーとして活動を始める仕組みになっていることもポイントです。そうすることで、自然とセンターの会員も増えていくことになるのです。この取り組みのおかげで、「あゆみ」のメンバーは現在、約三百四十人になりました。週三回ほどの活動があり、個人宅や施設を訪問するなど、ほとんどの人が実践的に傾聴に取り組んでいます。

――さいたま市ＳＣの体制は、ほかのシルバー人材センターでも参考になりそうですね。

鈴木　さいたま市ＳＣでは、傾聴ボランティアの知名度が高いことから、傾聴活動が就業に結び付くケースも出てきました。「特定の高齢者の傾聴をお願いしたい」という依頼が、仕事として舞い込むことがたびたびあります。さいたま市ＳＣでは、そうした要望に沿って就業の輪を広げるとともに、接客業務にも応用しているそうです。

元来、就業とは別の切り口で捉えられていたボランティアですが、傾聴活動を通じてこのように裾野が広がっているのは、とてもうれしいですね。

シルバー人材センターに求める「地域福祉」の視点とは？

――数々のセンターで傾聴ボランティア養成講座に関わるなど、接点が多い鈴木さんから見て、シルバー人材センターの果たすべき役割とはどのようなことだとお考えでしょうか。

鈴木　昨今、「地域福祉」というキーワードが重要視されています。そういった時代だからこそ、シルバー人材センターの役割も今一度見直すべきなのではないかと思います。

もちろん、大きな役割の一つは就業ですが、一方で行動するシニア世代として地域を活性化し身近な高齢者を支えていく福祉的な役割も担っているはずだと考えます。そうした観点に立ったとき、もう少し地域貢献という意識で、ボランティアの育成にも積極的に取り組んでいただけたら大変ありがたいと思います。

確かに、ボランティアは経済効果として現れにくいですが、経済だけではないさまざまなメリットがあることも事実です。なぜなら、地域で元気なボランティアが増えることは町の活性化にもつながりますし、シニアが元気に活動することで、寝たきりや認知症の予防にもつながるからです。そうなれば、医療費も削減できるでしょう。

そうした視点を、考慮して取り入れていただければありがたいです。もちろん、協会としてもできる限り協力させていただきます。

老後の不安を乗り越える鍵は「生涯現役」と「節約術」にあり

2020年4月号掲載　取材／山辺健史　撮影／戸室健介

森永卓郎

もりなが・たくろう

経済アナリスト、獨協大学経済学部教授

1957年東京都生まれ。東京大学経済学部卒業。日本専売公社、経済企画庁総合計画局などを経て、1991年から株式会社三和総合研究所（現・三菱東京ＵＦＪリサーチ＆コンサルティング株式会社）の主席研究員。その後、現職。専門はマクロ経済学、計量経済学。テレビ番組「情報ライブミヤネ屋」「がっちりマンデー!!」出演をはじめ多方面で活躍。『ビンボーでも楽しい定年後』（中公新書ラクレ）など著書多数。

不安が高まる高齢者の経済的な課題

——超高齢社会といわれるようになって久しい日本ですが、最近は老後の経済面を不安視する声を耳にします。「老後資金は年金以外に夫婦で約二千万円が必要」との金融庁の試算を示した報告書が令和元年六月に発表され、困惑した高齢者も多かったように思います。そこで、日本の高齢者の経済的な展望について、ご意見をお聞かせください。

森永　今の日本の状況ですと、高齢者にかなりのしわ寄せがくるのではないかと考えています。私の試算では、老後資金の蓄えは二千万円でもまだ足りません。

根拠は二つあります。第一に、金融庁は、二千万円という金額を「定年する六十五歳から九十五歳で亡くなるまでの三十年間」で算出しています。でも、現在の平均寿命からすると、女性だと百歳まで生きる可能性は二〇％、百五歳まで生きる可能性が五％となっている。統計学では「五％以上の確率には備える」のが定説ですから、老後の年数は「六十五歳から百五歳までの四十年間」。つまり、老後に必要な額は、金融庁の推定より多くなるはずなのです。

もう一つの根拠は、年金制度の問題です。現在の厚生年金のモデル年金額は、「夫婦二人で月約二十二万円」（平成三十一年一月厚生労働省発表）とされていますが、それがこの先もずっと続くはずはありません。なぜなら、今の年金制度は、現役世代が稼ぐ額をそのまま高齢者に割り当てる「賦課方式」なので、現状のように高齢者が増え続けていることで、今後、一人当たりの金額は間違いなく少なくなるはずだからです。ゆくゆくは、大まかに言うと厚生年金は四割減り、国民年金は三割減となるでしょう。

以上を鑑みると、私の試算では、定年時には五千七百八十万円持っていないと安心できないのです。

——それはすごい数字ですね。

森永　会社員の生涯賃金が約二億円だといわれているのに、定年時にそれだけの蓄えを持っていることは不可能でしょう。だからこそ、政府は「定年した後も働いてください」という指針を出しているわけです。

そう考えると、これからの時代は節約しながら、定年後も働き続けていくしかないと私は思いますね。

老後の家賃問題は〝トカイナカ〟で解消

——老後の生活では、どの部分を節約していけばいいのでしょうか。

森永　老後に一番お金がかかるのは家賃です。だからまず、住まい事情を見直すことを私は勧めています。

一番いいのは、都会でもなく田舎でもない、中間の〝トカイナカ〟に住むこと。定年を過ぎれば、都心の会社に通う必要がなくなります。だったら、トカイナカに家を買ってしまえばいい。これができれば、まず家賃の心配がなくなります。

また、トカイナカは、都会の利便性と田舎暮らしの良さの両方が得られて快適です。関東の場合では、都心から約四十〜六十km離れた圏央道周辺の海老名（神奈川）、八王子（東京）、鶴ヶ島、久喜（埼玉）などの地域ですね。これらの町では、ロードサイドに大規模店があるため、買い物にも困りません。一方で、豊かな自然もあって、空気も水もおいしい。それに、地域の行事に参加しなければいけないといった近所付き合いもなく、人間関係も〝ほどほど〟なので気楽に生活できます。

食費や通信費を見直し、家計のスリム化を

――手軽にできる節約の方法はありますか。

森永　仮に、都心住まいにこだわったとしても、食費や通信費は削減することができると思います。食費節約のこつは、食材の買い物をする前に、その日の献立を決めないこと。事前に献立を用意してしまうと、材料が高くてもつい買ってしまうんです。そうではなく、セールのときを狙ってスーパーに行って、安くなっているものを選んで買うようにする。そして、それらを数日で使

い切るように計算して食べていくのです。
私は以前、テレビ番組「いきなり！黄金伝説。」の〝一ヶ月一万円生活〟に出演した際、この方法で食費を月四千二百円に抑えました。また、通信費を節約するには、格安スマホを利用する。私は楽天モバイルを使っていますが、月二千円程度で収められています。
節約の基本はまず情報を集め、それを元に工夫すること。それもせずに不安がっていても仕方ありません。「家計のスリム化」を考えて、いろいろなことにトライしてみるのが大事です。

シニアに必要なのは、感性を発揮できる仕事

――一方、「定年後も働き続けなければいけない」という話題も出ましたが、働く際に必要な心構えなどはありますか。

森永　仕事選びは、なるべく自分が楽しいと思えるものにした方がいいですね。定年後は年金があるので、嫌な仕事をしてまで稼ぐ必要はありません。しかも、トカイナカに住めば、夫婦でも十二、三万円あれば暮らしていける。そのため、働いて得られる収入は「生活の彩りをつくる」ものと捉え、余裕を持って仕事に臨むのがベストだと思います。

――どのような仕事を楽しいと思うのか、人によって幅がありそうですね。

森永　重要なのは「その仕事に感性を発揮できる場面があるかどうか」。その点、シルバー人材

センターが行う植木剪定《せんてい》の仕事などは、創造性豊かで楽しい仕事だと思いますよ。剪定には、三次元で物を捉える感覚が必要です。その感覚がない人がやると、全く不格好になります。このように、自分のセンスを発揮できるところに仕事の面白みがある気がします。

また、シルバー人材センターが提供している農業分野の仕事もお勧めです。実は今、群馬県で農業をやっているのですが、これがすごく楽しいんですよ。もちろん、台風や害虫、雑草の繁殖など、さまざまなトラブルはあります。でも、それを自分の判断と工夫で解決していく。これが面白い。そういう意味では、農業はとてもクリエーティブです。

――これからはシルバー人材センターも、もう少しクリエーティブな仕事を増やしていった方がいいかもしれませんね。

森永　それは時代の要請でもありますし、必要なことだと思いますね。私はそういった仕事を、広い意味で〝アート〟と呼んでいます。シルバー人材センターでは「マジックや漫才を披露する」「英会話を教える」といったさまざまなアートな仕事がありますよね。これからは、そういった仕事の重要性がより高まっていくと思います。

今はまさに「第四の産業革命」のとき。十年後には現在ある仕事の半分が、さらに二十五年後にはその九割がＡＩやロボットに取られてしまうといわれています。そういう状況になったら、付加価値のない物や単純労働は、ただ同然になっていくはずです。そんなときに重要になっていくのが、人にしかできない「創造性に富んだ仕事」です。そういう仕事は今後もなくならないので、シルバー人材センターが意義ある就労組織として生き残っていくためにも必要だと思います。

趣味を続けるために、特にお金は必要ない

――節約や仕事のほかに、老後を豊かにする手段として、趣味を持つことが挙げられると思います。経済的な不安もある中で、なるべくお金をかけずに趣味を楽しむことは可能ですか。

森永　もちろんです。私は現在、ミニカーやお菓子のおまけ、野球関連のグッズなど六十種類ほどのコレクションをしていますが、実はあまりお金をかけずに集めているものが多いのです。

例えば、ペットボトルのフタのコレクションにはほとんどお金はかかりません。でも、たくさん並べればきれいですし、同じ趣味を持つ人と交流ができるメリットもある。私と同世代のフタコレクターの中には、ホームページに発表したコレクションを通じて、世界中の人とやり取りしている人もいますよ。また、カメラ撮影も趣味ですが、数万円のカメラとメモリーカードさえあれば、そんなにお金はかかりません。近くの公園に行って虫や植物などを接写するだけで、とても豊かな世界を感じることができます。

このように、さまざまな分野にお金をかけずにできる趣味はあります。そして、趣味を突き詰めていくと、ひょんなことから仕事に結び付くかもしれません。

まずは自分が楽しんで、高齢期を実り多いものにしていただきたいですね。

定年後をしなやかに楽しむ、「新しい生き方」へ踏み出す機会に

2020年9月号掲載　取材／山辺健史　撮影／栗原　論

岸本裕紀子

きしもと・ゆきこ

エッセイスト

1953年東京都生まれ。慶應義塾大学法学部卒業後、集英社の女性ファッション誌『non-no』編集部勤務を経て渡米し、ニューヨーク大学行政大学院修士課程修了。帰国後、文筆活動を開始。社会・政治評論も手掛ける。日本大学法学部新聞学科非常勤講師。著書は、『定年女子　60を過ぎて働くということ』(集英社文庫)、『ヒラリーとライス』(PHP新書)、『なぜ若者は「半径1m以内」で生活したがるのか？』(講談社＋α新書)など多数。

選択肢が広がりつつある、シニアの働き方

――「人生一〇〇年時代」を迎えた日本では、定年後も数十年の時間を過ごせるようになりました。それに合わせ、定年後の暮らしに対するイメージも徐々に変わってきたように思えます。

岸本　平均寿命が延びた分、シニア期に対する捉え方にも変化が見られます。

以前は、「定年後は悠々自適に暮らす」という考えが主流でしたが、今はもっと多様化してきているように思います。

最近、六十歳前後の女性たちに取材したところ、多くが定年後を「新しい生き方をする機会」と捉えているようでした。昔は、「定年＝引退」といった〝単線〟的な考え方しかありませんでしたが、今は、「定年後はさまざまな選択肢の中から、どう生きたいかを決める」といった〝複線〟的な捉え方がされているように思います。

――定年後のシニアは、実際どのような過ごし方をしているのですか。

岸本　働き続けている人が多いです。二〇一九年のデータによると、六十五～六十九歳の男性で約五九％、女性は約三九％が何らかの仕事に従事しています（総務省統計局「労働力調査　二〇一九年平均」）。

また、定年後に働く際は、同じ会社での仕事を継続する人たちと、それまでとは違う仕事に就

く人たちに分かれます。定年を長い仕事生活の一つの区切りと捉え、それまでとは異なる分野に飛び込むわけですね。介護の世界に転職したり、資格を取得して産業カウンセラー（心理的手法を用いて、働く人たちが抱える問題を自ら解決できるよう支援する心理職資格者）になった人などもいました。

また、五十歳くらいまで主婦をしていた人が、新しく仕事を始めたケースもありました。私が出会ったのは、五十歳から近所のカフェでシェフとして働き始めた女性です。その人は、義理の父母と長年同居し、主婦として家族八人分の食事を毎日作っていた経験を買われての転身だったそうです。

別の五十代の女性は、その年齢で一から勉強を始め、三年がかりで保育士の資格を取得して、今は保育園で働いています。

結婚・子育てを経験した後、人生の後半期になってもまだ仕事があるのです。別の世界に飛び込んで、六十歳を過ぎても挑戦を続ける姿は、とても魅力的に映りました。

――シニア期での就労が増えた背景には、雇用する企業側の変化もあるのではないでしょうか。

岸本　以前はシニアが働けるのは、販売のパート職など一部に限られていました。

しかし、企業にも「必要な時に必要な人材を雇いたい」「年齢は問わない」という考えが定着し、就ける仕事の幅が広がってきました。シニアが働ける余地はこれからもますます大きくなっていくと思います。

女性シニアの就労には、よりきめ細やかな支援が必要

――シルバー人材センターは、シニアの就労先の中で存在感を発揮できるでしょうか。

岸本 可能性は十分あります。シルバー人材センターは、行政と民間の中間のような位置にあり、シニアが就労先を探すための第一歩となりやすいですし、仕事の経験がある六十代がセンターに登録することで、新たな就労のきっかけになる確率は高いと思います。

――「生涯現役」でずっと働き続けることには、どのような良さがあるのでしょうか。

岸本 仕事には、社会に必要とされるうれしさや達成感があり、時には悔しさも含まれています。そうしたさまざまな思いを感じられることが働き続ける意味なのかもしれません。

また、シルバー人材センターの仕事では、季節や時間などを自分で管理し、調整しながら働くことも可能です。それは、定年後の暮らしを自分でつくり出すことにつながります。それが多少なりとも生活の糧にもなる。とても有意義な存在だと思います。

――シルバー人材センターの活動に課題はありますか。

岸本 女性シニアの就労に関しては、よりきめ細やかな支援の必要性があるでしょう。

取材で聞いた話なのですが、ある女性は、「以前パートで働いていたスーパーに戻りたいと思っても、電話をして募集を確認する勇気がない」ということでした。そうした場合は、シルバー人

材センターが働き手と就労先をマッチングするような取り組みがあってもいいのでは。それぞれの実情に寄り添った柔軟な対応が求められています。

――岸本さんも、実際にシルバー人材センターを利用されたことがあるそうですね。

岸本　庭の除草や襖の張り替えをしていただいていました。会員の皆さんはプロ意識が高く、いろいろと相談した上で素晴らしい仕事をしてもらえました。

――会員の中には前職が職人だった人など、さまざまなスキルを持っている人がいます。

岸本　会員の高い技術力のことは、もっとアピールしてもいいと思います。かつてはメーカーにいた人や技術職も多いと聞くので、公民館やカフェでスキルを教える活動などをしたらいかがでしょうか。そこが、地域の人が集う交流の場になったらすてきですね。

コロナ禍で見詰め直した、シニアのこれから

――定年後も仕事を続ける人がいる一方、趣味や健康づくりを中心にした生き方を選ぶシニアも多いようです。そのような人たちの実情は、どのようなものなのでしょうか。

岸本　定年後に仕事から解放されて、ボランティアや勉強、旅行など、自分の好きなことを中心に暮らす人も多くいます。また、「仕事とボランティアを両立する」など自身の優先順位に即しながら、柔軟に生活を楽しんでいるようです。

――ただ、最近は新型コロナウイルス感染症の拡大で、余暇の楽しみ方が変わってきていると思います。そのような状況下にあって何か変化を感じますか。

岸本　新型コロナウイルスの影響で、ライフスタイルが変わってしまった実感はありますが、それでも、「日々を楽しむ」というシニアの思いは失われないような気がします。

私の場合も、自粛生活が日々の暮らしを再発見するきっかけとなりました。家で過ごす時間が大半となって、盛り付けや食器選びにもこだわりながら時間をかけて料理をし、家の中を整理して、近所を散歩するようになりました。「昭和に生きた母の生活」を追体験するようで、新鮮でした。この機会にこれまでの忙しかった生活を振り返ることもでき、穏やかな暮らしの楽しさを感じることができましたね。

また、教えている大学の授業がオンライン化され、見よう見まねでシステムを整えた際に、シニアの生活を支えるＩＴの重要性について考えるようになりました。

これからのシニアが充実した日常を送るためには、パソコンやスマートフォンを使いこなすことが必須だと思います。インターネットで日用品を買えるようになれば、車の運転ができなくなり買い物に行くことが困難になっても、暮らしを維持することができます。また、オンライン診療が受けられれば、ある程度の健康を保つこともできます。

私もコンピューターに苦手意識があったのですが、慣れてしまえば面白さも分かります。シルバー人材センターには、そうした教室の開催もお勧めしたいところです。

――すでに一部のセンターでは、シニア向けのパソコン・タブレット教室を実施しています。

岸本　それは素晴らしいですね。シニアにとっては、ＩＴ用語を矢継ぎ早に使うような若い講師よりは、同世代から習う方が落ち着いて学ぶことができるでしょう。

――多くのシニア世代を取材した経験から、充実したシニア生活を過ごすためのメッセージをいただけますか。

岸本　年齢を重ねたときに大切なのは、「自分が楽しめることは何なのか」を認識することだと思います。

私の場合は、「断捨離」や「終活」のような価値観にはあまり魅力を感じません。それより、家が雑然としても、好きなものに囲まれて暮らす方が合っているのです。後半生は、自分の感性を生かしながら、自由に暮らしていけたらいいですね。

シニアはこれまで、仕事や家庭の紆余《うよ》曲折を乗り越えてきた。だからこそ、いつの時代でもしなやかに暮らしを楽しんでいけるのだと思います。また、シルバー人材センターには、そのようなシニアの多様な価値観を支える役割を期待したいです。

第3章

絆をつくり深める

人との出会いは、自分の新たな可能性を知るきっかけになる。
高齢を言い訳にせず、さまざまな人と絆を深めていくには、
どんな心構えが必要になるのだろうか。

和顔愛語の精神で世代を超えて「志縁」をつくる

2019年9月号掲載　取材／山辺健史　撮影／栗原　論

坂東眞理子
ばんどう・まりこ

昭和女子大学理事長・総長

1946年富山県生まれ。東京大学卒業後、総理府（現内閣府）入省。1995年埼玉県副知事、1998年オーストラリア・ブリスベン総領事、2001年男女共同参画局長を歴任。2007年に昭和女子大学学長、2014年に理事長、2016年から現職。著書に『女性の品格』（PHP新書）、『70歳のたしなみ』（小学館）ほか多数。

七十代はゴールデンエイジ。年齢観を変え、社会参加を

――坂東さんは七十代となった現在も大学での仕事をはじめ、執筆や講演など、精力的に活動されています。人生一〇〇年時代を迎える現在、年齢についてどのように捉えていますか。

坂東　七十代は人生の黄金時代、ゴールデンエイジだと思います。今のシニアはまだまだ働けるし新しいことにも挑戦できる、バイタリティーにあふれた存在です。一九四七年の日本人の平均寿命は、男性五十・〇六歳、女性五十三・九六歳。そのため、当時の感覚では七十代の人は珍しく「老醜」という語句もあるくらい「無用な人」「終わった人」というイメージがありました。

しかし現在では、冒険家の三浦雄一郎さんや評論家の樋口恵子さん、小説家の佐藤愛子さんなど、シニアでも目覚ましい活躍をされています。これだけたくさんの人がいらっしゃると、社会の風潮も変わっていくのではないでしょうか。ですから、シニア自身も、「高齢だから何をしても遅すぎる」「どうせ成果は上がらない」と自分をおとしめず、「まだまだこれから！」というように、自身の年齢観を変えるようなマインド・チェンジが求められているように思います。

――シニアの意識を変えていくためには、どのようなことが必要でしょうか。

坂東　「誰かから頼りにされる」「何かを頼まれる」といったことなのかもしれません。自分からはなかなか動けなくても、人から感謝されたり、褒められたりする経験があると、少しずつ変わ

れるような気がします。そのためには、シニアになっても、シルバー人材センターで就業したり、ボランティアなどで社会参加を積極的に行っていくことが大切だと思います。

――その際、注意すべき点はありますか。

坂東　現役で働いている六十代のうちに、あらかじめ次の職や第二の人生でやりたいことを見つけておいた方がいいでしょう。また、長年気を使って会社勤めをしていた人が、仕事を辞めたときに「しばらく気楽にのんびりしたい」と思うのは自然なことですが、あまりお勧めできません。悠々自適を満喫してからようやく次のことを探そうとしても、やる気が出にくいですし、働く上での勘も戻りにくいからです。ですから、働いているうちに継ぎ目なく「第二の人生」を考えておくことが、生涯現役のためには必要だと思います。

笑顔やおしゃれは、シニアが備えるべき「たしなみ」

――シニアが社会参加する上で必要な「たしなみ」のようなものはありますか。

坂東　まずは「和顔愛語《わげんあいご》」に気を付けること。これは、高齢になればなるほど努力して和やかな笑顔を作っていた方がいいということです。また、思いやりのある言葉遣い、愛語も心掛けるようにした方がいいでしょう。なるべく自分の周りの人を気にして「大丈夫？」「今、何に困っているの？」と相手をいたわるようにする。シニアになると、社会や人と疎遠になってしまうことが多いので、自分自身から人に良い印象を与えていくことが大切です。幸せになりたかったら、相手に幸せを与えることから始めましょう。

――おしゃれをすることも、シニアにとって大事な「たしなみ」だそうですね。

坂東　私はあえて、シニアにおしゃれすることを勧めています。何も、高級ブランドを身に着ける必要はありません。今まで着たことがない服に積極的にチャレンジして、楽しくおしゃれをするのがポイントです。そうやってすてきな格好をすることで、誰かに会いたくなったり、外出をしたくなったりします。

逆に、楽な格好ばかりでは感性が衰えていきますし、家に閉じこもるようになりやすい。特に男性は、そういう傾向が顕著です。まずは自宅に全身が映る鏡を用意して、失敗を恐れずに新しい服に挑戦し、社会に一歩踏み出そうと意識することが大切です。

共生社会で必要なものは、ボランティアで得られる「志縁」

――笑顔とおしゃれで社会に出る。そういった社会参加で、得られるものは何でしょうか。

坂東　さまざまな人と出会うことで得られる、新しい縁だと思います。

元来、日本では「地縁」や「血縁」などの縁が大事にされてきました。しかし、戦後になって都市化や核家族化が進むと、急速にこれらの縁が希薄になってきたのです。一時期、日本を支えた終身雇用などの「社縁」も薄くなり、「無縁社会」といわれるまでになってしまいました。

そこで、私が提唱したいのが「志縁」の重要性です。「志」といっても「高尚な意志」のようなものではありません。趣味やフィーリングで人と人がつながっていくことを指します。そのような緩やかな絆が、今の日本では支え合いの核になっていく気がしています。

例えば、子ども食堂やシニアサロンの運営、子育て家庭の手助けなど、さまざまな取り組みが全国に広がっています。そういったボランティア活動で縁を結び、知らない人同士が共生していくことが、新しい日本の在り方の一つだと思います。

また、活動を続けていると、親友ならぬ「新友」ができる。これも大切なことです。この年になると、学生時代や昔からの親友は減っていきますが、社会で出会いを重ねていくと、親友とはまた違った新しい友達、つまり「新友」ができます。そうした新しい出会いは、シニアに新しい意欲を与えます。


――シニアがボランティアを続けるため、備えておくべき心構えなどはありますか。

坂東　注意すべき点は、あくまで気持ちに余裕を持ちながら行うことです。義務感にかられ、強制されたという気持ちでやっていては本末転倒。やれるときにやれる範囲でできる「ちょこっとボランティア」を私は推奨しています。そして、ボランティアで人から認められたり感謝されたりすることで、自分が納得できる手応えを得ることもポイント。それがボランティアを長く続けるための秘訣《ひけつ》です。

老後に二千万円必要でも、今の時代を楽しんで生きる

――昨今、「老後の生活資金は年金だけでは足りない」「九十五歳まで生きる場合、夫婦で約二千万円の金融資産が必要になる」という金融庁の報告書（「高齢社会における資産形成・管理」）が話題です。老後の不安も聞かれますが、それらをどのように捉えて暮らしていくべきですか。

坂東　確かに、老後に約二千万円必要だと聞くと、多くの人が困惑すると思います。しかし、そのために日々の生活を切り詰め、縮こまって生活すべきではないと私は考えています。旅行や起業など、中短期的な目標があって貯金するのは構わないですが、何の当てもないのに、先々の漠然とした不安のために窮屈な生活をするのはお勧めできません。それよりも、一週間に二十時間働けば、一か月八万円、一年で約百万円の収入ができます。

そのお金でさらに、スキルを磨くために資格を取る。旅行などで新しい経験を得るのもいいでしょう。あるいは、若い世代のさまざまなネットワークに参加し、お金を使う。そうしたことが、後に自分を生かすための先行投資になるはずです。

――不安だとしても、それだけに左右されるべきではない、ということですね。

坂東　その通りです。高齢期における悩みは、健康や資産のことなどが中心。早急に答えが出るようなものではありません。むしろ、抱え込めば抱え込むほど心の中でむくむくと成長していく

ものなのです。
それよりも優先すべきなのは、キョウイク（今日行く所）とキョウヨウ（今日の用）です。使える時間を忙しく過ごしていく方が、よほど健康的ではないでしょうか。だから私も悩む時間を少なくして、考え込むことを控えるようにしています。不安を抱えた「そのままの自分」でいるのではなく、意志の力で「あらまほしき（そうありたい）自分」に邁進《まいしん》した方がいいと思います。

シルバー人材センターは、スキルの高い人の職の拡充を

――最後に、シルバー人材センターの活動についてお気付きの点を聞かせてください。

坂東　シルバー人材センターの仕事は、公共施設の管理や植木の剪定《せんてい》など、比較的、誰でもできるものが多いイメージがあります。もちろん、そのような仕事も大事なのですが、もっとセミプロ級のスキルが生かせる仕事があってもいいと思います。
例えば、弁護士や司法書士のような特殊なスキルを生かせる仕事。また、顧客対応などをしてきた人や事務作業能力が高い人は企業からのニーズも多いので、センターはそのような特技や能力のある求人をもっと開拓していくべきです。そうすることで、意欲のある人への門戸がもっと開くはずです。シルバー事業の目的自体は意義のあるものですので、アピール次第でさらなる人気は見込めると思います。期待しています。

認知症になった母を撮り続けて知った家族の絆

2020年2月号掲載　取材／山辺健史　撮影／伊藤武丸

信友直子《のぶとも・なおこ》

ドキュメンタリーディレクター、映画監督

1961年広島県呉市生まれ。東京大学卒業後、テレビ番組制作に携わる。2010年からフリーディレクターとして、北朝鮮拉致問題や若年性認知症などのドキュメンタリーを制作。2009年、乳がんの自身を撮影した『おっぱいと東京タワー〜私の乳がん日記』がギャラクシー賞奨励賞を受賞。映画『ぼけますから、よろしくお願いします。』は、2019年度の文化庁映画賞文化記録映画部門で大賞を受賞した。新潮社より映画と同名の書籍も発売されている。

両親を撮影した映画が、全国で大反響に

——二〇一八年公開の劇場用初監督作『ぼけますから、よろしくお願いします。』は、観客動員数九万人超、全国百館近い映画館などで上映される大ヒットとなりました。本作は、認知症になってしまった信友さんのお母さまと介護するお父さまを撮ったドキュメンタリーですが、反響の大きさを考えると〝人生一〇〇年時代〟における介護というのは、社会的に関心の高いテーマであると感じました。

信友　本当にそれは実感しました。広島県呉市で暮らす市井《しせい》の人である、私の両親の記録がここまで広がったのは、皆さんにとっても介護や認知症といった出来事が〝人ごとではない〟からだと思いました。

——本作は、どのように製作されたのでしょうか。

信友　二〇〇〇年ごろにビデオカメラを購入し、練習台として両親を撮り始めたことがきっかけです。でも、最初は作品にする気は全くありませんでした。ただ単に、テレビの現場でディレクター自身がカメラを回す時代が来たので、私もその準備をしていただけなのです。

しかし、そのうち八十代だった母の認知症が発覚し、九十代の父との老老介護の日々が始まった……。私に兄弟はなく、東京で一人暮らしをしているので、「両親のため、実家に戻った方が

いいのではないか」と揺れ動きながら撮影をしていました。その内容が、結果的にテレビドキュメンタリーを経て、映画作品になっていったのです。

認知症になった母。その姿を見守ること

――お母さまが認知症になった兆しとは、どのようなものだったのですか。

信友　最初に「あれ？」と思ったのは二〇一二年です。電話で母が同じことを繰り返し話すようになったのです。当初は「その話、前にもしてたじゃない」と笑っていて、母も「ほうじゃったかいね」と軽く返していたのですが、そのうちそれが何度も続くようになったので、母を病院に連れて行きました。

ただ、そのときには認知症と診断されませんでした。今から思うと、母は認知症の予備軍である「軽度認知障害（ＭＣＩ）」だったのですが、当時はその概念は広く知られていなかった。だから、病院に行くのが早過ぎたのです。その後、一年半ほどで母の認知症は進んでしまいます。もともと全ての家事を完璧にこなせるスーパー主婦だった母が、洗濯や掃除、料理もできなくなっていったのです。時には、電話勧誘で大量の海産物を購入してしまったこともあります。

自慢の母でしたから、とてもショックでした。認めたくはなかったですが、どんなに嘆いても認知症は治らない……。本当につらかったですね。

認知症になった本人が、一番不安を抱えている

――当時は仕事を辞めて、広島に帰ることも考えたそうですね。〝介護離職〟という可能性が、映画の中でも描かれていました。

信友　二〇一四年に、やっと母に「アルツハイマー型認知症」という診断が出ました。それを機に、「私が帰ってこようか」と父に相談したのです。でも、すぐに反対されました。「帰らんでええ。お母さんはわしが見るから、あんたはあんたの仕事をしんさい」と。

父は「戦争のせいで自分はやりたい学問ができなかった」という苦い経験を持っていて、私のやりたいことはいつも無条件で応援してくれていました。母が認知症になってもそれは変わらず、父の言葉を受けて、私は迷いながらも東京暮らしを続けることになりました。

――映画では、お母さまが「自分が分からない」と嘆くシーンも出てきます。

信友　二〇一五年の正月、実家に帰省していたとき、母が突然つらい心情を吐露しました。それまでは自分の異変をごまかしたり、隠したりしていたのですが、そのときは真正面から「お母さん、おかしいよね？」と問い掛けてきたのです。

認知症でも全てが分からなくなったわけではなく、本人が一番困惑しているのです。どうしていいか分からず、とても不安に思っているのです。母と接していて、それが理解できました。だ

からこそ、家族はその不安を一番に受け止めてあげるべきだと、今は考えています。

家族の気持ちに余裕が生まれる〝プロとシェアする〟介護

――遠距離介護の場合、地域にいる介護のプロが頼りになると思うのですが、どのようにしてご両親に介護サービスを受け入れてもらったのですか。

信友　二〇一六年に、フジテレビの情報番組「Ｍｒ．サンデー」で両親のことが取り上げられた際、取材を兼ねて実家近くの地域包括支援センターに相談に行きました。センターは、介護や認知症に関してのよろず相談所のようなところで、その存在は本当に頼もしかったです。そこで両親の映像を見せると、「心配なケースなので、一度伺わせてください」と言ってくれたのです。

それ以降、センターの職員やケアマネジャーが家に来て、最終的には母に家事援助（食事作りや風呂掃除など）の介護サービスを受けてもらえることになりました。

――介護サービスが家で始まることに、ご両親の抵抗はなかったのでしょうか。

信友　父の拒否反応は強かったです。「わしにも男の美学があるんじゃ」と言って、自分が母を介護していくという気概を示していたし、誰も家に入れたくないようでした。

しかし、「お父さんがもし転んで、起きられんようになったら、どうします？」というセンターの方の質問で気持ちが揺らいだようです。父は「何かあったら娘に頼みます」と答えたので、すかさず「娘さんが呉に来るまで半日かかっちゃう」「その半日間、娘さんは気が気じゃないわ」と説得してくれたのです。そして、「私らが手助けするけん、呉で一緒に頑張りましょう」と言ってくれました。

父も母も「ケアマネジャーやヘルパーが来る」と告げたときには「いらん」とかたくなでしたが、実際に会ってしまうと、肩書きではなく「小山さん」「道本さん」という人柄と触れ合うわけです。そうなると警戒心は解け、やがて自然に受け入れられるようになっていきました。

――シルバー人材センターの会員も介護が身近な世代。非常に参考になる話です。

信友　番組でお世話になった、認知症専門医の今井幸充《ゆきみち》先生は「介護はプロとシェアしなさい」と言っていました。家庭の中の閉ざされた関係性だけで介護をしていると、家族は大変になってつい近視眼的になり、感情がマイナスに向いてしまう。

でも、家の中に介護のプロが入り、一緒に支えてくれるようになると気持ちに余裕が生まれて、親や介護自体を客観的に見られるようになるのです。このようなことも、介護をプロとシェアする場合の大きなメリットですね。

――シルバー人材センターが行っている日常生活の支援サービスも、家の中に〝外からの風〟が入るきっかけになりそうな気がします。

信友　その通りです。話し相手がいるだけで全然違うと思います。介護サービスを受ける前、両親は二人だけの引きこもり状態で、かなり鬱《うつ》っぽくなっていました。もっと早く介護のプロに入ってもらえば良かったと、今は考えています。

認知症になった母から家族が得たもの

——映画は、ご両親に介護サービスが入ったところで終わっています。その後の様子はいかがでしょう。

信友 映画を撮り終わった後、母は脳梗塞になってしまい、現在は入院中で寝たきりです。一方、九十九歳の父はまだ元気で、たびたび母を見舞っています。

そんな二人を見ていると、今でもお互いを思い合っていることが分かり、「母が認知症になったけれど、得られたものは多かった」と感じるようになりました。

母は子どものようになって、時々「私なんか邪魔なんじゃ！」などと、悲しいことを言うときもあります。でも、頭をなでたり、抱き締めたりすると、昔と変わらない大好きな母の匂いや笑顔を感じることができるのです。

私は家族として、そんな二人ともうしばらく生きていこうと思います。

※信友直子さんの母・文子さんが二〇二〇年六月十四日、九十一歳でお亡くなりになりました。謹んでお悔み申し上げますとともに、心よりご冥福をお祈りいたします。

社会に経験や知識を還元し、必要とされる高齢者であれ

2020年3月号掲載　取材／山辺健史　撮影／栗原　論

綾戸智恵

あやど・ちえ

ジャズ・シンガー

1957年大阪府生まれ。17歳で単身渡米。帰国後、大阪のジャズ・クラブなどで歌い始める。1998年、40歳でアルバム「For All We Know」でプロデビュー。以降、笑いあふれるトークと幅広い選曲を織り交ぜたステージで、多くの世代の支持を獲得。2019年9月に「DO JAZZ Good Show!」をリリースした。

介護も仕事も全力でこなし、過労で倒れた日々

――綾戸さんは十年以上、認知症のお母さまの介護に携わっていると聞きます。現在のお母さまの様子はどのようなものですか。

綾戸　母は今、認知症の人たちが住むグループホームにいます。発語はできないんですが、私が訪ねて行くと表情が変わるので〝自分の娘〟ということは分かるみたい。ホームでは母の時間の流れに合わせて、二人で穏やかに過ごしていますよ。

――お母さまが認知症となったきっかけは、二〇〇四年に脳梗塞を患ったことだそうですね。その後、大腿骨《だいたいこつ》を骨折して症状が進行してしまったのだとか。

綾戸　あの骨折があきませんでしたね。脳梗塞のときは老化で少し頭がボケてしまったと思っていたんですけど、骨折した後には忘れっぽくなったり妄想が出たりして。これが認知症なんかなと感じたんです。

――退院してからは、お母さまとの一対一の介護生活が始まることに。しかし、二〇一〇年に無理がたたって綾戸さんが倒れてしまいました。なぜ、そうまでして一人で介護を続けたのでしょうか。

綾戸　母一人子一人ですしね。ヘルパーさんを頼んだこともあったんだけど、母は知らない人に

お世話をしてもらうことがどうもダメみたいで。なかなか合う人がいませんでした。
私が全ての介護をやったのは、何事も頑張り過ぎてしまう自分の性格のせい。また、母にも頼られるものだから、余計に張り切って歯磨きやトイレなどのケアを全部やろうとしていたんです。それで、だんだん眠れない日が続くようになってきたので、睡眠薬を飲み始めたんですけど、あるとき効いているのが分からず何錠も飲んでしまって……。意識を失って、気が付いたら病院ですよ。あれは失敗でしたね。

認知症でも親は親。敬意を持って接する

――ご自分が倒れてしまったことで、意識に変化はありましたか。

綾戸　失敗したことを糧にするしかないと思いました。だから、それからは無理せず、週に何日かは母をデイサービスで見てもらうことにしたんです。

――「デイサービスなどには行きたくない」と、不満に思う高齢者も多いと聞きます。お母さまはすぐに納得しましたか。

綾戸　嫌がらずに行ってくれました。というのも、母に「困ってんねん」と相談したんです。「仕事があって行かなきゃあかんけど、あなたを一人で放っておけない」と。そうしたら「あんたが倒れたらあかん」と言って、割と素直に受け入れてくれました。

私はあの人の子ども。親よりも偉くないんですよ。だから、母に「デイサービスに行ってくれ」と言う権利はないんです。この順列を間違えちゃいけないんですよ。

母はそもそも、鋭い意見を持ったシャープな人。一七〇cmの長身で美しかったし、自慢の母でした。そんな母に、私は昔から「こんなことあってんけど、どないしたらいい？」と聞いてきたんです。すると、母はいつも的確なアドバイスをくれました。その関係性は認知症になっても変わりません。介護の方針を決めるときも、私は答えを持っていなかった。むしろ、母にこそ答えがあったんです。親に「こうしてくれ」と命令するなんて、おこがましいと思いましたしね。

母の一言で認知症を受け入れられた経験もありますよ。まだ初期の頃に、母がこんなことを言ったんです。「年を取ったらボケて、あんたのことを忘れてしまうかもしれん。でも、それはしょうがないことや」。その後、さらにこう続けました。「でも、あんたが忘れたらあかん。そうなったら私は終わりや」「あんたが私を忘れなかったら、それでええ」。

その瞬間に私は腹をくくれた気がします。「母が認知症になっても、私が母を忘れないからええんや」って。

高齢者の経験を生かせるシルバー人材センターに

――今後ますます高齢者が増えていく日本の現状を、どのように捉えていくべきだと思いますか。

綾戸　高齢者の価値というのは、自分たちの持つ多くの経験を若い人に還元できるかどうかだと思うんです。それもできないで、「若い人たちが高齢社会を支えてくれない」と嘆くのは、それはないやろと。

なにせ最近は、高齢運転で事故を起こしてしまうなど、切ないよ。免許返納しろやなんて、システムの改良をもっと考えないかん。そのためには、老若男女共に頑張らなあかん。そして、若い人も、もっと貪欲になってほしい。高齢者はもっと若者に尊敬される存在になるべき。母は私にとって〝尊敬すべき人〟。だから支えたいし、おってくれないと困るとも思う。それと同じことです。

私は最近、母の「行ってらっしゃい」が、とても大切に思えるんです。この言葉を聞いて、私は全国へ仕事に行く。発音は不確かだけど、母の命を懸けたこの言葉がどんなに大切か。こういう気持ちを多くの若い人が高齢者に持てたなら、高齢社会だって恐れることはないと思うんです。

年長者の行動は若い人の血肉になりますよ。子どもの頃、母と一緒に見ていたテレビ番組「時事放談」で、当時来日していたビートルズの武道館公演について「こんな不良たちに武道館を貸すな」という意見が流れていたんです。

でもその後、ビートルズはイギリスの女王の前で歌うほどの存在になったじゃないですか。そのときに私は学んだんですよ。「ジャズでもJポップでも、大衆の中にこそ文化はあるんや」と。価値観っていうのは、一定じゃないんです。当時、なんで母があの番組を見せたか分からなかったけど、今なら理解できますよね。母は偉い人ですよ。
高齢者はもっと若い人の財産になるようなことを伝えていかなければいけません。高齢者が持っている見識を、社会と若い人のために使えなければ、高齢社会は〝涙のみ〟だと思います。

――「高齢者が培ってきた豊富な経験や知識を社会に還元すべき」との話は、そのままシルバー人材センターの役割とも合致します。

綾戸　センターの価値だってそう。シルバー人材センターで働く人は、もっと「自分の経験や知識を社会にどう提供しようか」という視点で考えた方がいいんです。どんな仕事の中にも、若い者にはできない〝高齢者ならではの、思慮あふれる取り組み方〟があるわけだから。
私は、皆さんによく言っています。「自分の得意をもっとアピールして。さあ、若者にとっての〝生きていてほしい高齢者〟になりましょう」って。

「生涯現役」とは目の前のことを精いっぱいやりきるという意味

――綾戸さんはこれからも、生涯現役で仕事を続けていくつもりですか。

綾戸　私は、生涯現役を仕事に限定したことだとは思っていません。
現役とは〝元気に生き続ける〟ということ。そして、その時々の自分が、目の前のことを精いっぱいやれるようにする。それが、生涯現役の意味だと思っているんです。

永遠に歌い続けることは無理ですよ。きっといつか「テネシー・ワルツ」の高音部が出なくなるときが来ます。だけど、一生懸命に歌い続けていれば、多少声が出ていなくたって、お客さんには聴こえるもんですよ。だからまずは、そのレベルまで歌をやりきることが大事。それで、少しでもお客さんが「聴こえるよ」と言ってくださるときに辞めようと思っています。そして、私の後の若い人が、次世代のラップ・テネシーとか出したりして（笑）。

まぁ、でも、先のことは分かれへん。

阪神淡路大震災のとき、前日に牡蠣《かき》をいっぱい買って、その晩は酢牡蠣で食べて、明日は牡蠣フライにしようと思っとったけど、翌日には、地震と火事でしょ？　こんなことなら、前日に牡蠣フライも食べておけば良かったと後悔したけど、遅かった。だから、先の計画はしない。

どんなマラソン選手でも走れなくなるときは来る。だけど、走ってきた自分だからこそ、次にできることもあるねんと。だからこそ、今を大事に生きるしかないと思うんです。

高齢者を元気にする秘訣は「楽しい聞き上手」になること

2020年6月号掲載　取材／山辺健史　撮影／伊藤武丸

レギュラー

お笑い芸人

西川晃啓《あきひろ》（写真右）と松本康太（写真左）によるお笑いコンビ。ともに1979年京都府生まれ。吉本興業所属。1998年にコンビを結成。2002年「第23回　ＡＢＣお笑い新人グランプリ」最優秀新人賞などを受賞後、「あるある探検隊」のネタでブレークした。2014年に「介護職員初任者研修」、2017年「レクリエーション介護士2級」、2021年「レクリエーション介護士1級」の資格を取得。介護関連の講演も数多い。

「笑い」と「介護」の橋渡し。芸人だから伝えられること

――レギュラーのお二人は、お笑い芸人として活躍する傍ら、「介護職員初任者研修」や「レクリエーション介護士2級」など、介護の資格を取得されています。今は、それを生かした仕事も多くなっているそうですね。

松本 現在、仕事の半数は、介護の講演会やイベント関係です。介護の世界にも笑いやユーモアが必要な場合がありますし、介護のことを広く知っていただくために少しでも役立ちたいと考えています。

西川 ただ、講演会は、硬い雰囲気の会場が多くて……。

松本 例えば、知事さんなどがあいさつした後に出演すると、会場がシーンとしているんです。そういう状況は、確かにハードルが高いな、と(笑)。でも、できる限り気軽に見ていただけるよう、明るい舞台を心掛けています。

――どのようなきっかけで、介護と関わることになったのでしょう。

松本 二〇一三年ごろに、同じ事務所に所属している「次長課長」の河本《こうもと》準一さんから、介護施設などでの慰問ボランティアに誘っていただいたんです。ちょうど「あるある探検隊」のブームが終わった後で、時間がありました。

それで、まずは僕一人で参加させてもらったんです。そうしたら、介護施設の皆さんがいい反応をしてくれまして。「お年寄りにとてもいい感じで受け入れられて、すごいよ。コンビで介護の勉強をしてみたら？」と、河本さんも勧めてくれたので、チャレンジしてみたいと思い始めたんです。

――松本さんのそのような思いを、西川さんはどう受け取ったのですか。

西川　最初は、介護と芸人の活動の接点があまり見えませんでしたね。「レクリエーション介護士2級」を取得して、ようやく〝介護×お笑い〟の形が見えてきたように思います。

松本　実は、この資格は芸人の活動と似ている部分が多いんです。ここでいうレクリエーションとは、「特技を生かして人を喜ばせる」こと。例えば、それは「ネイルをする」でもいいんです。僕らの場合は、施設や介護イベントで皆さんに話をして、喜んでもらうことが活動になる。だから、とても親和性があったんです。

西川　介護現場の方から、「お年寄りに向けて、どのようにレクリエーションをしたらいいか分からない」「介助のプロでも、人前に出る経験は積んでいないので不安」といった話をよく聞いていました。

一方、つかみで気を引いたり、最初はわざと小声で話して興味を集めたり、僕たちには芸人としてのノウハウがある。そういう技術を伝えることができれば、介護現場の皆さんにも役立つと思ったんです。

笑顔で聞き役になることが、高齢者と関わるポイント

――今後、「高齢者とのコミュニケーション」はますます重要な課題になると思います。お二人が高齢者と接する際に気を付けているのは、どのようなことでしょうか。

松本 まず大事なのは「話を聞いてみよう」と興味を持ってもらうこと。いわゆる、氷のように固まっている相手をほぐす「アイスブレイク」ですよね。例えば、「僕たちのこと、覚えてます？」と軽い調子で会話を始めて、そこからギャグにつなげていく。そうして楽しい雰囲気から始めると、それ以降は高齢者でも気さくに話してくれるようになるんです。

西川 それでも会場の空気が重かったら、僕が横で人一倍笑うようにしています（笑）。

松本 僕らが楽しそうにキャッキャキャッキャとしていると、皆さんにも自然と笑顔が生まれてくる。だから、「笑顔でいる」というのがとても大事なんだと思います。

西川 「聞き上手」になることもポイントですね。人前に立って話すときには「話す側が先生で、話を聞く相手は生徒」という状況になりがちです。でも、理想は逆。僕たちが聞き役になる方が話が弾むんです。

松本 板橋（東京）の施設に伺ったとき、「板橋って、何が有名なんですか」とこちらから聞いてみたんです。すると、皆さんが地元で有名な野菜の名前などをどんどん答えてくれるんです。

西川　さらに「それはいくらぐらいなんですか」「二百円くらいですか」と聞いて、「だったら（高くて）僕たちには買えないですね」と落胆する。すると、自然と笑いになるんですよね。

楽しんで盛り上がることが、認知症予防につながる

――「あるある探検隊」のリズムで行うギャグ体操など、オリジナルの「認知症予防体操」を考案して、介護施設でも実践されているそうですね。これらはどういう思いでつくられたのですか。

松本　僕たちが目指したのは、お年寄りでも「楽しんで盛り上がれるもの」でしたね。

西川　認知症予防とはいえ、極力「勉強ではない雰囲気」がいいかなと思ったんです。資格を取ったときのワークショップで印象的だったのが「楽しい」ということだったんです。その感覚を何よりも大切にしました。

松本　実は、お年寄りにとってはお孫さんと話すことだけだって認知症予防になるんです。お孫さんの質問に答えたり、一緒に考えたりするだけで脳が活性化しますから。それに加えて、僕らの体操もやってもらう。笑ってもらえるし健康にもなってもらえるなんて、最高ちゃいますか？

笑いは免疫力を高める効果もあります。だから、皆さん、オモロくなくても笑いましょう！そうしたら、芸人がもっと生きやすい世の中になるんです！

西川　結局、「芸人のネタを笑ってほしい」っていうお願いやないかい（笑）。

認知症の家族に向けた、愛のある受け流し

――家族が認知症になってしまった場合、接し方の心得はありますか。

松本　同じ事務所の先輩芸人「ちゃらんぽらん」の冨好《とみよし》真さんの対応が、とても参考になります。というのも、一緒に食事をしているときに、冨好さんのお母さんから何度も電話がかかってくるんですね。その際、お母さんはいろいろな不安をこぼすらしいんですが、冨好さんは電話に出るたびに笑って「それ、もう三回目や！」「うん、うん。大丈夫やから安心して寝てや」って優しくツッコむんです。それで、電話を切った後には、その場にいる僕らに向かって「うちの母ちゃん、こうなんや」とニコニコ話をする。すると、僕たちも「ああ、これは笑っていいことなんだ」と安心できるんです。仮に自分の母親が認知症であっても、変に周りに隠さずに、笑いを入れながら「愛のある受け流し」をする。これができると、お互いが息を抜けて、あまり深刻にならないんです。こういった接し方には本当に感心しました。

介護に関する情報を、明るく楽しく発信したい

――「人生一〇〇年時代」といわれる今、シルバー人材センターには生き生きと活躍している会

員が大勢います。さまざまな高齢者と接しているお二人から見て、余生を元気に過ごすには何が重要だと思いますか。

西川　幾つになっても「やるべきことがある」というのが大切なんじゃないですかね。

　以前、あるテレビ番組で宮古島（沖縄）に約一年間移住したことがあるんですが、そこで出会った地元のおじい、おばあのパワフルさはすごく心に残っています。皆さん、朝五時に起きて畑作業をして、朝食をしっかり食べ、隣近所とよくしゃべる。それで夜は酒も飲むという……。あれを見て、「年を取っても、動き続けた方が元気でいられるんだな」と実感しました。

松本　おじい、おばあを見て、「この人たち、背中に太陽電池でも載せてるんじゃないか」って錯覚したほどですからね（笑）。

――「生涯現役」で活躍することを考えた場合、高齢者が能力を発揮する場所として介護業界などはいかがでしょうか。シルバー人材センターでも、そのような仕事先は少なくないのですが。

松本　介護の現場が人手不足だという話はよく聞きます。そうしたところで働くのは、とてもいいことですよね。

西川　「レクリエーション介護士」の資格もお勧めです。歌や趣味を披露して相手に喜ばれるのは、とてもやりがいがあることだと思いますから。

松本　介護というのは、僕らを含めた全世代の人が考えなければならないことなんです。これからも介護に関する情報を明るく楽しく発信して、みんなに笑ってもらいたいです！

家族に伝え遺すメッセージが、シニア生活をより豊かにする

2021年2月号掲載　取材／山辺健史　撮影／伊藤武丸

財前直見
ざいぜん・なおみ

女優

1966年大分県生まれ。女優として多数のドラマ、映画に出演。主な作品に、ドラマ「お水の花道」シリーズ、NHK連続テレビ小説「ごちそうさん」「スカーレット」、大河ドラマ「おんな城主 直虎」、映画「天と地と」など。「終活ライフケアプランナー」「上級心理カウンセラー」など6つの資格を取得。著書に『自分で作る ありがとうファイル』（光文社）など。

家族にとって大事なことを「ありがとうファイル」に

——財前さんは、著作『自分で作るありがとうファイル』で、同世代からシニア世代までの広い世代に向け、自分や家族についてのファイルを作ることを提唱されています。財前さんが考案された「ありがとうファイル」とは、どのようなものなのでしょうか。

財前　百円均一ショップなどで売っているクリアファイルに、自分や家族に関する大切な情報を一つにまとめておくというものです。

入れるものは、免許証のコピーやネットのパスワードなど、大事だと思うものならなんでもOK。家族の歴史やおふくろの味のレシピなど、家族に関するものも一緒に入れておけばいいと思います。

要は、「いざというとき、それを確認すれば大切なものが全て分かる」と思える、「自分と家族の虎の巻」を作る、ということです。私自身も実際に作りながら、ノウハウを固めました。

——**一般的なエンディングノートとは、何が違うのでしょうか。**

財前　親の世代のことを家族に「遺《のこ》し、伝えていくもの」、という点では共通しています。

ただ、エンディングノートは、家族の死が前提なので、書くことに抵抗がある人も、少なくありません。私にもそうした経験があったので、このファイルは、なるべく楽しく作れるように心掛けました。

――ノートではなく、ファイルという形式も秀逸です。

財前　最初はノートを使用することを考えていましたが、それだと「間違ったことを書けない」「一度書いたら修正できない」と感じて、作るハードルが高くなってしまったんです。

そんなとき、私がファイル好きだったこともあって、抜き差しして順番も変えられるこの形を思い付きました。作りたいところから作っていけるという便利さもあります。何を書いて遺したらいいか分からないという人は、「『ありがとうファイル』の特設サイト」から専用のシートをプリントアウトして書き込めば簡単に作れます。

――どのように作り始めればいいでしょうか。

財前　まずは、財布に今入っている免許証や保険証、診察券などのコピーを入れていけばいいと思います。たったこれだけでも、紛失や盗難の際に後の手続きが楽になります。また、保険証書や領収書、水道光熱費など、大事だと思うものは入れておきましょう。「家のどこに置いたっけ？」と、あちこち探さなくて済むようになります。

さらに、デジタル時代に必須な、ＷＥＢサイトのＩＤやログインパスワードなどをまとめておくのもお勧めです。緊急の際も、このファイルを持ち出すだけで大切なものを守れるので、本当に便利です。

――こうしたファイルを作ろうとしたきっかけは、何だったのでしょうか。

財前　十数年前に義母が亡くなった際の経験がもとになっています。そのときは、故人の遺志を聞いていなかったため、遺品整理がとても大変でした。遺されていた骨董品《こっとう》や着物、食器などの価値が分からず、結局ほとんど処分することになってしまいました。逆に祖父が他界したときには、存命中に書いてもらっていた委任状のおかげで整理が楽でした。

そうしたことがあって、「生前に故人から、持っているものの価値や扱い方を聞いておくことは大事だな」と痛感していたんです。

ファイル作りが親子の新しい対話を生む

――印象に残ったのは、「ありがとうファイル」に「親へのインタビュー」という項目があることです。これはどのような意図で考えられたのでしょうか。

財前　親子が一緒にファイルを作ることで、普段とは違うコミュニケーションのきっかけになればいいな、と考えたからです。

質問としては「子どもの頃の夢は？」「お父さんはどんな人だった？」というものから、「もし介護されることになったら？」「病名、余命の告知、延命治療はどうしてほしい？」というシビアなものまで多岐にわたります。

まずは身近な質問から始めて、徐々に終活の部分まで聞いていけばよいのではないでしょうか。

ただ、こうしたナイーブな話題は、角が立つこともありますから、無理に聞くことはないですよ。まずはファイルを通じて対話が盛り上がることが第一です。

ライフプランを考えることで、自分の〝今〟を知る

――このファイルでは、「家族の今後のライフプラン」を書くことも推奨されていますね。

財前　ライフプランを書くことは、自分の人生の「これまで」と「これから」を客観的に見通すのに、とても役に立つからです。

私の場合、「自分が五十六歳のときに、息子が高校に入学して……」とか「そのとき、親は何歳で……」と書き起こしてみることで、家族の状況の変化や、「どのタイミングでどれくらいのお金が必要か」などが一目で分かりました。

そうすると、「もう少し今の時間を楽しまなきゃ」「今のうちに貯金をしておかなきゃ」など、先々を考えて暮らせるようになったんです。また、そうやって「未来を考えた上での〝今〟」を捉えられると、あまり目先の意見に左右されることなく、さまざまなことを自分の意志で準備できるようにもなりました。

だからこそ、「ファイルは誰かに頼らずに、ぜひ、ご自分で考えながら作ってみてください」と、皆さんに伝えたいです。

新型コロナの時代は、身近なコミュニティーが重要に

――財前さんは現在、実家のある大分で息子さんとご両親と一緒に暮らしているそうですね。子どもの頃から慣れ親しんだ地域で、近所にも昔からの知り合いが多いということですが、そのような環境も「ありがとうファイル」を作った背景の一つのようですね。

財前　二〇〇六年に息子が生まれて、「自分の地元で子育てがしたい」と思うようになり、長く住んだ東京から大分に、息子を連れて戻ったんです。今は、仕事のあるときだけ私が東京に行くスタイルですが、故郷に住んでさらに、家族やご近所さんなどの大事さを肌で感じた気がします。そうした身近な人を思う気持ちが、「ありがとうファイル」を作った大本にはありますね。

以前、さまざまな資格取得に挑戦した際に「終活ライフケアプランナー」を取ったのも、「日ごろ、お世話になっている周りのおじいちゃんおばあちゃんに、何か恩返しがしたい」という思いからでした。資格があれば、年を取ったときの備えのことを周りの皆さんに教えられると思ったからです。

――新型コロナウイルスが広がって以降、知らない人同士がランダムに集まる場面が減っているように感じます。そのため、財前さんの暮らす地域のような既知の小さなコミュニティーの価値は高まってくるのではないかと思います。

財前　同感です。私が住んでいる田舎は野菜などを分け合う習慣が残っていて、年齢ではなく気持

ちが合った人たちが周りにいるんです。こうした小さい共同体の在り方が、見直されつつあるのだと思います。

――そうした動きは、シルバー人材センターの活動ともリンクします。今、地域の中で、多世代交流の場が増えていて、主体的に関わっているセンターも少なくないのです。

財前　それはいいですね。シニアの皆さんは、それぞれがすごく経験を持っていらっしゃる〝先生みたいな存在〟だと思うんです。そうした交流の場で、子どもとシニアが自然に触れ合える環境がベストだと思います。

竹細工の得意な人がそれを子どもたちに伝えるとか、編み物が得意なおばあちゃんに教わるとか。幼児教育と生涯学習の場が別々である必要はないわけで、多世代が自然と集まれる場で、「おばあちゃん、元気？　何作っているの？」といった何げない流れでさまざまなことを習うことができれば、子どもにとってこれほどの学びはないでしょう。暗記主体の勉強ができて一流大学に入ったとしても、良い就職ができるわけでもない世の中です。

だからこそ、シルバー人材センターのそうした活動がこれからもっと大事になってくると思います。今後の広がりを期待しています。

第4章

地域社会とつながる

身近な場所に大切な人間関係や生きがいがあれば、
高齢者の毎日は活気に満ちたものになるのではないか。
「地域社会とつながる意味」について問い掛けてみた。

高齢者の背中を押し、人とつながるきっかけづくりを

2018年7月号掲載　取材／山辺健史　撮影／戸室健介

田中一正

たなか・かずまさ

**大和ハウス工業株式会社
ヒューマン・ケア事業推進部顧問**

大和ハウス工業株式会社入社後、シルバーエイジ研究所長、総合技術研究所副所長などを歴任。2008年にロボット事業を立ち上げ、高齢者の生き生きとした活躍をサポートするロボットの普及や高齢化団地の再生などを手掛ける（現在、同社退職）。

高齢者を支援するロボット事業に携わる

――田中さんは長年、大和ハウス工業で高齢者向けのサポートに携わっておられますが、なぜこのような事業に取り組むことになったのでしょうか。

田中　大和ハウス工業では、将来的に日本が超高齢化時代になることを予見して、先駆的に高齢者の生き方や暮らし方に注目してきました。一九八九年には、病院や介護施設の建築を手掛ける「シルバーエイジ研究所」を設立。私も程なく研究所に入ることになり、高齢者が生き生きと暮らすためには、どのようなハードやソフトがあればよいか、現場で模索するようになっていったのです。

当時、私たちが問題意識を持っていたのは「高齢者の自立度」のことです。病院や介護施設では、車椅子の上で日常生活を送っている高齢者が大半です。しかし、そのような生活を送っていると、次第に自発的な意欲が減り、活発に暮らすことが難しくなっていくでしょう。

そのような状況を現場で目の当たりにして、どうしたら高齢者の皆さんの自立度を高めることができるのかを、常に考えるようになりました。

――そのようなときに、高齢者をサポートするロボットの存在を知ったということですね。

田中　総合技術研究所で産学連携を担当した際、筑波大学の山海嘉之《さんかいよしゆき》教授が開発したロボットスーツHAL《ハル》®の存在を知りました。
HAL®福祉用は下肢に装着するタイプのロボットで、人の動きに合わせて体を支え、歩行機能をサポートするものです。HAL®福祉用を装着すれば、仮に脚力が弱くなっても、脚に障がいやまひが出ても、自分の意思通りに動くことが可能になります。
私がHAL®に魅力を感じたのは、産業ロボットのように「自動で動く」ものではなく、「高齢者の自立度を上げる」ものであるという点でした。そういったコンセプトは、まさに私たちの考えていた課題をクリアするものでしたので、早速、会社に掛け合って、新しいチャレンジとしてHAL®の開発に出資することを取り決めて、普及を進めるようになっていったのです。

要介護の高齢者だけではなく、健常者の生活も支える

――開発されたロボットの中には、介護が必要な人はもちろん、シルバー人材センターで活躍しているような、元気な高齢者のためのものもあるようです。

田中　実は、高齢者の中で要介護や病気の人というのは、全体の二割程度にすぎません。残りの八割は健常な人たちなので、「元気な高齢者の活動を助ける」という観点を持ったロボットの存在も重要なのです。

――それは、具体的にはどのようなロボットですか。

田中　人が入り込めない狭小地や危険な場所を点検するためにつくられた、狭小空間点検ロボット「ｍｏｏｇｌｅ《モーグル》」がその好例です。このロボットは距離センサーとカメラ、照明を搭載した自走式で、ＰＣモニターを見ながらコントローラーで遠隔操作することが可能です。

元来、戸建て住居の床下点検というのは、重労働である上に狭い場所で作業を行わなければならず、時には危険な目に遭うことも少なくありません。そのため、現場経験が豊富で、対応力の高い高齢のベテラン作業員が担当することが多いという現状があります。しかし、ｍｏｏｇｌｅを使用すれば、居室内から安全・簡単に床下点検が行えるため、作業員のリスクを回避できるのはもちろん、経験があまりない人でも作業を行うことができるのです。

現在私たちは、このような床下点検を業界のスタンダードにしようという思いから、多くの同業他社や民間のリフォーム会社、地方のビルダー（住宅建築業者）にｍｏｏｇｌｅを使用していただいています。

今後この動きが活発化して、日本全国のさまざまな現場に波及していけば、多くの高齢者の働く余地を広げ、彼らの社会進出を後押しできるのではないかと考えています。

生きがいとつながりが、生涯現役の原動力になる

――高齢者が「生涯現役」でいるためには何が必要だと考えますか。

田中　例えば、私が関わっている事業の中には、高齢者向けの「充実ネクストライフサポート事業」というものがあります。これは、シニア世代が人とつながり、人の役に立てるようになることをサポートする事業です。主に高齢化が進む戸建て団地などでシニア向けのセミナーやイベントを開催し、地域の再生化を図っています。

このような取り組みの中で特に重要なのが、高齢の住民にどんどん家から出掛けていってもらい、いかに人や地域に関わってもらうか。高齢になっていくと、体の調子が悪くなったり、趣味がなくなったりすることが引き金となり、家に閉じこもることが多くなってしまうのです。その結果、生き生きと生活する力も失われてしまいます。

そのようなことを防ぐためにも、まずは自宅から外へ一歩出て、積極的に人とつながってもらう。そして、さまざまな人が集まるコミュニティーの中の一人となって、周りから刺激を受けながら新しい生きがいも発見していく。生涯現役でいるためには、このような人との触れ合いが大切な鍵を握るのです。

そういった観点から、例えば、団地再生事業の一つである神奈川県横浜市栄区の「上郷《かみごう》ネオポリス」では、自治体の皆さんとよく話し合いながら、まちづくり活動の核となる新たなコミュニティー拠点をつくろうとしています。

また、兵庫県三木市の「緑が丘ネオポリス」では、高齢者と若い世代が交流しながら地域を再生させる「多世代循環型コミュニティー」の設立を目指しています。

——人との触れ合いが高齢者の暮らしを豊かにするというのは、非常に共感します。

田中　高齢者自らが夢中になれるもの、興味があるものを探し出せる環境づくりは、とても大事な観点だと考えています。

実際に、「充実ネクストライフサポート事業」で開催するセミナーやイベントでも、高齢者が夢中になれるものを見つけた途端、どんどん元気になっていく様子を何度も目にしています。

例えば、ほかの人と一緒に街歩きをしたり、稲刈りや野菜の収穫イベントに参加したりする。最初は小さな興味からの参加でも、新しいことに挑戦する機会が少しずつ増えていくと、次第に自分に自信が持てるようになって、積極的に行動できるようになるのです。

私たちの事例の中には、演技経験が一切ない高齢者たちが集まり、自ら俳優として出演する『熱血・大和《やまと》商店街』という映画作品をつくってしまった例もありました。この作品は『難波金融伝ミナミの帝王』シリーズの萩庭貞明《はぎにわさだあき》監督の演出で、沖縄国際映画祭でも上映されました。

シルバー人材センターは、高齢者の自立を促す場所

——シルバー人材センターで就業している高齢者には、生き生きとしている人が多いと感じています。

田中　実は、妻の実家にある庭の管理をシルバー人材センターにお願いしているのですが、現場

にいらっしゃる皆さんはいつも元気な印象があります。きっと活動に対してやりがいを持って、それを楽しんでいるからなのでしょう。

やはり、生涯現役で社会とつながりを持っていくことは、心身を健康に保つ上で不可欠な要素なのだと思います。

私自身も今六十五歳。シニアの一人として、幾つになっても社会とつながりを持つことの意義を最近ひしひしと感じています。

私は今年の三月に定年退職をした後も、アクティブエイジ制度で大和ハウス工業の顧問として働いていますが、これまで得た経験や人脈を後進の若い人に伝えていくことに対して強い使命感を持っています。一年でどこまでできるか分かりませんが、非常にやりがいがあります。

——これからのシルバー人材センターに、求められるものは何でしょうか。

田中　シルバー人材センターに不可欠なのは、やはり高齢者の自立に寄与していくという姿勢ではないでしょうか。そして、高齢者の生きがいを支えるさまざまな「場」をつくることがこれからますます重要になってくると考えます。

そのような意味において、センターが担う役割はとても大きい。ロボット事業や充実ネクストライフサポート事業に関わり、私もそういった意識の大切さを再認識している最中です。

シルバー人材センターが目指す高齢者が生きがいを持って暮らせる社会の実現を、微力ながら応援していけたらうれしいです。

地域に必要なのは「老働力」、センターは高齢者を支える拠点に

2019年3月号掲載　取材／山辺健史　撮影／原　貴彦

樋口恵子
ひぐち・けいこ

評論家

1932年東京都生まれ。東京大学文学部美学美術史学科卒業。同大学新聞研究所本科修了。時事通信社、学習研究社、キヤノンなどを経て評論活動へ。2003年まで東京家政大学教授。現在、NPO法人高齢社会をよくする女性の会理事長、東京家政大学名誉教授、同大学女性未来研究所長、高齢社会NGO連携協議会共同代表。主な著書に『その介護離職、おまちなさい』(潮出版社)など。

シルバー人材センターに支えられた仕事人生

――高齢社会の在り方や女性の社会進出をテーマにさまざまな活動をしてきた樋口さんですが、仕事と家事を両立するために、以前からシルバー人材センターを利用されてきたそうですね。

樋口　初めてシルバー人材センターに仕事をお願いしたのは、連れ合いがまだ生きていた三十年ほど前のこと。

庭の草木の剪定《せんてい》を頼んでいた業者が廃業して困っていたところ、集会で一緒になった一橋大学名誉教授（当時）の江見《えみ》康一先生に薦めていただいたのが始まりです。以来、私の生活は、シルバー人材センターに支えてもらっているのです。今も、掃除や洗濯などの家事をお願いしており、大変助かっています。

――その間、多くのセンター会員と出会ったと思いますが、印象はいかがですか。

樋口　一昔前までは「年金だけでは生活が成り立たない人がシルバー人材センターで働く」というイメージもあったようですが、私の印象は違います。皆さん、お金のためというより、自分ができることで社会貢献したいという高い意識を持っています。

家事援助に来ていた会員に聞いてみると、センターに登録したのは「自分は家事が上手だから、そのスキルを世の中に生かしたい」というのがきっかけだそうです。

つまり、自分の得意な分野で社会の役に立つ。そのことが、やりがいにつながっているようでした。

――そのような気持ちは、会員の多くが抱いていると思います。

樋口　彼女も、最初はご夫君に「俺の年金では不足なのか？」と言われて反対されたようです。でも、そのときの彼女の言葉が実にしっかりしたものでした。

「家族の反対を理由に働かない人がいるが、それは結局のところ、自分の決心が足りないからではないか」というのです。曰《いわ》く「今の時代、夫に反対の行動をするからといって、強引に柱に縛り付けておくような夫はいません。自分がやりたかったらやれる。だから、さまざまな理由をつけて働かないのは、要は〝自分がなさらないだけ〟です」とのこと。

このように、はっきりとした意志を持ってシルバー人材センターで働いている人がいました。まさしく名語録だと思います。

シルバー人材センターは後半生を再構築する拠点となるべき

――シルバー人材センターを利用する良さをどのように感じていますか。

樋口　私の場合、家事を担当してくれる会員が自分の暮らす同じ地域の住民だということがすごく安心です。広い意味での近所の人が働いてくれるということが、地域で人材を確保するシルバー人材センターの大きな〝売り〟だと思います。生活サービスは、地産地消が何よりです。

――一方で、シルバー人材センターが取り組まなくてはならない課題はありますか。

樋口　会員の持っている考え方や常識が、玉石混交であることが少し問題かもしれません。会員募集は積極的にやるべきですが、登録してすぐ仕事に就いてしまうと、さまざまなトラブルが起きる可能性があります。特に家事や買い物支援など、利用者の家に入る仕事の際には、最低限の接遇やマナーを教示しておくことが大切です。

無論、多くの会員は問題ないと思うのですが、留守中に掃除を頼んだら、いろいろな引き出しを開けられて困ったという事例も中にはあるようです。また、利用者が望む以上に片付けてしまい、どこに何があったのか分からなくなってしまったというケースも聞いたことがあります。だから、シルバー人材センターとしては、会員に就業の心得を学ぶ講習など初任者研修を用意しておくことが必要なのではないかと思うのです。

人生一〇〇年時代である今、定年してもまだまだ先は長いのです。そうした場合の〝後半生に向けての再教育〟などは、シルバー人材センターの責務のような気がします。具体的には、学び直しや資格取得の場を提供したらいかがでしょう。シルバー人材センターには、高齢者の〝人生の再構築〟をバックアップするような組織となっていただきたい。地域の中での小・中学校のように、高齢期になったら多くの人が通う、義務教育のような存在になればいいですね。

高齢社会に必要なのは「老働力」

――長年、高齢社会の在り方を思索してこられた立場から、高齢者が生き生きと生活していくために、何が必要だと思いますか。

樋口　地域の中で医療と介護が充実していることが最低条件です。ただし、それでは「ただ生きていける」だけです。

さらに高齢者が安心して暮らすためには、地域の中に「食」「触」「職」という「三しょく」があることが大事だと考えています。

「食」とは、地域の中に食材を買える場所があるということ。高齢になると、調理などがおっくうになってくるため、徒歩圏内に商店街やスーパーがあることが大切です。また、気軽に家を出られなくなった場合には、ネットスーパーや配食サービスが地域に充実していることも欠かせない要素。そして何より、身近に食事を一緒に食べる人がいることが重要。孤食を避けることで、健康寿命も違ってくるそうです。つまり、買い物・食事・後片付けという「食行動」の充実が、これからの地域には不可欠だということです。

また「触」とは、触れ合いのことです。高齢になると職場や学校との縁が薄れます。さらに今は同居家族がいない時代。そういった孤立を乗り越えるためには、気軽に集えるカフェや多世代が交流できる場が近所にあることも大事です。
そして、シルバー人材センターなどの「職」も、まさしく高齢期に必須のもの。人の成長にとって欠かせない、経済的自立、社会参加、自己実現などを一つの行為でかなえてくれるのが仕事で、それは年を取っても変わらないはずです。

――高齢になっても働くことは、やはり良いことでしょうか。

樋口　断然、そう思います。
私が好きな日本国憲法第二十七条には「すべて国民は、勤労の権利を有し、義務を負ふ」と書いてあります。そこには男女の区別はなく、人種も限定していない。無論、年齢も書いていないのです。まして、日本の人口の三割近くが高齢者となり、やがて四割になるのが現状です。これからは、ますます高齢者の働く力「老働力」が重要視されていくでしょう。

やるべきことがあるのが、健康維持の秘訣

――樋口さんは今年八十七歳になりますが、今もとても精力的に活動されています。健康維持の秘訣《ひけつ》を聞かせてください。

樋口　ウオーキングや体を動かすことを意識しているぐらいで、熱心に取り組んでいる健康法はありません。

強いて言えば、やるべきことがたくさんあるということではないでしょうか。書かねばならない著書もありますし、連載や講演の依頼もあります。

――やりがいを持って毎日を過ごすことが心身の健康につながる、ということですね。

樋口　思えば、私の人生は、社会の中での女性の立場を男女平等に引き上げる闘いの連続だった気がします。私の世代では、就職のときには「結婚したら退職する」という念書を書かされた女性が大勢いました。別の会社では、面接で子どもがいることを話したら試験で落とされたりもしました。つい数十年前、日本の現状はそうだったのです。そのような女性の社会的地位を変えようと、さまざまな形で活動してきて、少しずつ状況は変化してきました。

しかし、今でも、高齢期の医療の問題、介護離職や認知症など、考えて改善していかなければならないことは山積みです。

私は高齢なので、体力に自信があるとは言えません。今までも、子宮筋腫や大動脈瘤《だいどうみゃくりゅう》など大病を重ねてきました。老いるということは当然、体も傷むということ。でも、それを当たり前と思って、完璧を求めず前に進んでいくしかないのです。

特に寿命の長い女性は、八十五歳以上で男性人口の二倍を示します。男性と共に社会に貢献し、それが評価される社会となるよう、まだまだ元気に頑張っていこうと考えています。

「三方よし」の地域参加で、シニアの健康寿命を延ばす

2019年4月号掲載　取材／山辺健史　撮影／小林由喜伸

藤原佳典

ふじわら・よしのり

東京都健康長寿医療センター研究所
社会参加と地域保健研究チーム研究部長

1962年生まれ。北海道大学医学部卒業後、京都大学病院老年科などを経て2000年に京都大学大学院医学研究科修了（医学博士）。2011年より現職。日本老年社会科学会理事、一般社団法人日本老年医学会代議員などを歴任。著書に『何歳まで働くべきか？』（社会保険出版社）等。専門分野は、公衆衛生学、老年医学、老年社会科学。

「社会を支える側」としての高齢者

――高齢者の社会参加の在り方などを長く研究されてきた藤原さんの立場から、日本の高齢化の現状をどのように捉えていますか。

藤原　高齢者への社会保障額が増え続けることで、全員に等しくお金を行き渡らせて支えていくことが難しくなりつつあるという状況です。このような課題を抱える一方で、元気な高齢者も多いという現状があります。

違う角度の課題としては、最近では働き盛りの若者が社会を最前線で支えられるような環境にいるとは言えません。

いまだにブラック企業が目立ち、非正規雇用の数も減っていない。となると、どんなに仕事を頑張っても安定的に収入を増やしていけないのです。

これらの課題を踏まえて、元気な高齢者には「社会を支える側」に回ってもらう。つまり、お金や時間にゆとりがある元気な高齢者が、社会を持続可能にする役目を積極的に果たしていくということです。

その点において高齢者の社会参加は強く求められていると言えますし、今日の超高齢社会の問題はそうした段階に来ていると思います。

高齢者が元気に活躍できる「三方よし」の方法

——社会全体のニーズとしても、高齢者の活躍が期待されているということですね。

藤原　そう思います。

高齢者が社会で活躍するということは、本人に対する効果だけでなく、地域や周囲で支える人々にもメリットがあるというのがポイントで、これを踏まえることが重要です。

例えば、社会で働くことで体力の維持ができ元気になることもできるので、高齢者自身への効能は大きいでしょう。同時に、健康になることで医療費が削減されたり、行う仕事によって地域課題が解決されるなど、さまざまなレベルでの価値も生み出します。

そのような、高齢者自身（＝買い手）、受け手（＝売り手）、地域（＝世間）の全てに良い影響をもたらす「三方よし」の社会参加を目指すべきだと思います。

——**では、高齢者が実際に社会参加する場合、何から始めるといいでしょうか。**

藤原　自分の暮らす地域で活動するのが最適だと思います。高齢者が地域で活動することは、本人だけでなく、コミュニティーそのものにも良い影響を与えることができる、まさに「三方よし」の方法です。

子育てや高齢の親のダブルケア、貧困問題、全ての世代の住民が抱える孤立といった問題が多い今、複合型の地域課題に対し、高齢者こそが「発見する目」となり得るのです。高齢者にはぜひ、地域のＳＯＳを吸い上げ、諸問題を役所の保健師や専門窓口につなぐ「つなぎ屋」の役割を担っていただきたいと思います。特に、地域の公共施設や一般家庭の中で働くようなシルバー人材センターの会員は、世間でのよもやま話を耳にする機会も多く、さまざまな問題に気付きやすいはずです。そのように地域活動で課題を発見・解決することができるなら、高齢者の社会参加の意義はますます大きくなるでしょう。

シルバー人材センターも「地域力」の一つ

――藤原さんが所属する東京都健康長寿医療センター研究所が二〇一七年に出版した『健康長寿新ガイドライン』には、「地域力」という言葉が出てきますね。

藤原　「地域力」とは、地域の中で住民同士が互いを助け合う互助の気持ちのことです。今は人生一〇〇年時代なので、七十歳で元気な状態だとしても、それから先の人生も長いわけです。高齢者が後半生を元気に生きていくためには、背中を押してくれる伴走型の支えが地域の中になくてはいけない。そういう思いで「地域力が必要だ」と明記しました。それは例えば、近所の人がごみ出しのついでに認知症の友人を訪ね「薬は飲んでいますか？」などと声掛けするような何げないアクションを指します。無論、シルバー人材センターも地域力の一つ。元気な高齢者が就労やボランティアなどで、そうでない人を支えることは地域の活力を高める第一歩だと思います。

高齢者の社会参加は、健康長寿をもたらす

――実際に地域に参加する段になると、「どのような活動が自分に合っているか分からない」という高齢者も多いのではないかと思います。

藤原　まず、高齢者の社会参加にはレベルがあることを知っておくべきです。それは①「就労」②「ボランティア活動」③「自己啓発（趣味・学習・健康づくり）活動」④「友人・隣人などとの交流」⑤「要介護期の通所型サービス利用」という五つのステージです。これらは、団体の所属や自由な交流など活動の度合いによって段階があるので、自分に適したレベルを選ぶのがいいでしょう。

いずれにしても、最良の行動は「外に出ること」。家に閉じこもるのだけは、避けた方がいいですね。

――ずっと家にこもっていると、健康寿命が縮むというデータもあるそうですね。

藤原　同居家族以外とのコミュニケーションが週一回未満しかない「社会的孤立」や「閉じこもり傾向」が重なると、六年後の死亡率が二・二倍に高まるというデータがあります。家の外に出て、人と交流することの大切さは研究によっても裏付けられているのです。

絵本の読み聞かせボランティアの勧め

――活動の具体例としては、絵本の読み聞かせボランティアを勧めていますね。

藤原　シニアの読み聞かせボランティアを養成する「りぷりんと」という活動です。東京都中央区や神奈川県川崎市多摩区、滋賀県長浜市など、現在、全国で十七か所の自治体と連携して取り組んでいます。まず、二十～三十人単位で三か月ほどの講座を受講し、絵本の読み聞かせに必要な声出しや絵本選び、音読練習などのトレーニングを行います。その後、保育園や地域の子ども広場などでボランティアを始めます。最大の特徴は、同年代の人との交流が生まれること。同じ講習を受け、ボランティアも一緒に続けるので、互いにチームワークが生まれていくのです。また、子どもの前で話をすることで役割を持ち続けて認知症予防にもなりますし、滑舌のトレーニングにもなる。高齢者にとっては最適な活動なのではないかと思います。

読み聞かせに参加する子どもへの効果としては、お年寄りと触れ合えるチャンスをつくれるということ。現代の家族は核家族化の傾向が強く、子どもたちも高齢者と接する機会があまりありませんから、とても重要な体験になるのではないかと考えています。また、いろいろな種類の本を読み聞かせるので、子どもたちの興味を広げることにもつながるでしょう。さらに、読み聞かせボランティアが育児に関わることで保護者の負荷を軽減できますし、高齢者が「地域の目」となることで防犯やいじめなどを未然に防ぐ効果も期待できるかもしれません。

——「りぷりんと」の活動は、地域でボランティアを始める際の良い参考になりますね。

藤原　こういった活動がない地域でも、子どもに対する支援など、世代間交流が可能なものには注目していくべきです。それらの活動への参加で、地域の中での固有の役割を見いだすことができるはずです。

シルバー人材センターが、地域の旗振り役に

——シルバー人材センターは、地域の中でどのような存在であるべきでしょうか。

藤原　駐輪場の管理や草木の剪定《せんてい》の仕事を紹介する場所というイメージが先行しているので、なかなか注目されにくいと思います。この際、理念を基盤としつつも、活動方針や内容などを思い切って検討し直すことも必要かもしれません。センターの存在自体は浸透しています。だからこそ、老舗が若社長となって看板をリニューアルするように、団体のイメージ戦略を今一度見直せばアピールできるものは多いはずです。例えば、民間と連携してマージンを得つつ、地域の産業の旗振り役になるという方法もありますし、コミュニティービジネスを手掛ける若者などと協働するという方法もあるでしょう。団体の指針を少し刷新するだけで、今後ますます可能性が広がっていくのではないでしょうか。

社会の〝あそび〟を担い、地域で存分に力を発揮する

2019年5月号掲載　取材／山辺健史　撮影／栗原　論

青江覚峰

あおえ・かくほう

浄土真宗東本願寺派湯島山緑泉寺住職、料理僧

1977年東京都生まれ。カリフォルニア州立大学にてMBA取得。料理僧として料理、食育に取り組む。ブラインドレストラン「暗闇ごはん」代表。超宗派の僧侶によるウェブサイト「彼岸寺」創設メンバー。著書は『お寺ごはん』(ディスカヴァー・トゥエンティワン)、『料理僧が教える―ほとけごはん―食べる「法話」十二ヵ月』(中公新書ラクレ)など多数。

料理僧として「自分と向き合うこと」を伝える

——青江さんは浅草にある浄土真宗・緑泉寺《りょくせんじ》の住職として働く一方で、「料理僧」として料理本を出版したり、食育に関わる活動を行ったり、多方面で活躍されています。このような活動をされているのはなぜでしょうか。

青江　お坊さんの役割の一つは「より多くの人に仏教を伝える」ことです。その点、私は小さい頃から料理を作るのが大好きだったこともあり、その伝達ツールとして料理を使っているのです。

——料理と仏教は、どのような点で結び付いているのでしょうか。

青江　食べることは、ほぼ全ての人が毎日行っている能動的な行為です。そのため、食のことを掘り下げて考えていくと、自分自身に根付いている価値観や生活の在り方を知ることができます。

一方、仏教で大切なのも「自分と向き合い、自分を知る」ということ。そこに共通点があると思っています。

——青江さんが始められたイベントの一つに、あえて視覚を遮断して料理を食べる「暗闇ごはん」がありますね。具体的にはどのようなものですか。

青江　真っ暗な中で器を触り、匂いを感じて、さらに味覚を頼りに食事に向き合うというものです。このような食事をしてみると、実に興味深い現象が起こります。

例えば、トマトのスープをよく作るのですが、これはトマトをよくすり、さらしにくるんで一昼夜漉《こ》してできる透明のスープです。それを参加者に味わってもらうのですが、暗闇で食べる場合と普通に食べる場合では反応がまるで違う。

スープの色が見えない暗闇のときは、参加者のほとんどが「トマト」だと言い当てられるのですが、スープが見える状態では六割ほどしか正解できません。というのも、舌ではトマトの味を感じているはずなのに、「トマトは赤色で、透明ではない」という先入観があるため、答えを間違ってしまうのです。

このように、食事を通じて人間が持つ特徴のようなものに触れ、理解していくことがこのイベントの大きな趣旨です。目の前の食事だけに集中することになるので、参加者からは「普段の食事のとき、いかにさまざまな雑念を抱いて〝ながら食べ〟をしているかに気付いた」という声もいただいています。

――シルバー世代にとっても、食について考えることは大事なのでしょうか。

青江　高齢者にとって、食は健康のバロメーターそのもの。ですから、食事と向き合うことはやはり大切だと思います。そもそも人というのは、口から物を食べていれば健康でいられるのです。ですから、高齢の方にはいつも「お菓子でも何でもいいから、なるだけ口から物を食べた方がいいですよ」とお話ししています。ただ、年齢を重ねると食が細くなってしまいます。そういう方には軟らかくて温かい物を召し上がっていただく。暗闇ごはんでも出している、炊いた枝豆やレンコンをすってスープ状にする「すりながし」はお薦めです。簡単に作れますし、口当たりが良く、野菜そのものの味も楽しめて滋養もあります。ぜひ取り入れていただきたいですね。

高齢者とは、社会の〝あそび〟を担う存在

――住職という職業柄、高齢者と触れ合う機会も多いと思いますが、近年は家に引きこもり一人で過ごす高齢者も増えているようです。

青江　要はご本人が何を良しとするのかということ。自分でそうしたいなら問題はないと思います。ただ、「家を出たい」という意思はあるのに一歩が踏み出せない人がいるならば、その支え方を考えることは大切です。

そうした場合は、シルバー人材センターのテーマの一つでもある、地域活動への参加が有効かもしれません。特に、私の住んでいる浅草は毎月のように地域のお祭りや行事があり、高齢者が楽しそうに参加している姿をよく見ます。そのような場では、さまざまな世代と交流できるのも大きな魅力ですよね。

私は仕事を引退し、地域で暮らしている高齢者のことを「社会の余白を埋める」存在だと思っています。そういう意味では、お坊さんと一緒なんですよね。お坊さんも本当の仕事は何なのか、はっきりしない。要は、社会の中での〝あそび〟のようなものだからです。〝あそび〟とは、い

わゆる「遊ぶ」以外にも、ブレーキやハンドルに使う〝あそび〟という意味も含まれています。高齢者もそのような意味合いで捉えればいいと思うのです。
　昔は昼間から縁台で将棋をしているようなおじさんが近所にたくさんいて、道で子どもが遊んでいるのを見つけると「車が来るから危ないぞ」と注意してくれたりしました。今は何げなく声を掛けると不審者とされてしまうこともあるようですが、だからこそ、周囲の考え方が寛容になることで、高齢者も子どもたちも住みやすい社会に変えていけるのではないかと思うのです。

高齢者が直面する「親の介護」という苦悩

——青江さんは高齢の方から相談を持ち掛けられることも多いのだとか。

青江　六十代以上の方から多く相談されるのは、親御さんの介護の問題ですね。介護生活をされている方からは「毎日がとてもつらい」「いつまでこれが続くのか」といった不安を聞きます。また、介護の日々の中で親をうっとうしく思う自分がいることに気付き、「そんな私は駄目なのではないか」と悩んでいる人も多いようです。介護がつらく、それゆえに親の死を願ってしまうという方には「それは自然なこと。苦しいことから逃れたいと思うのが人間です」とお話ししています。
　仙厓《せんがい》和尚という高名なお坊さんの言葉に、「親死ね、子死ね、孫死ね」があります。これは「親、子、孫の順に死ぬのが人間にとって一番幸せなこと」という意味です。

その点から考えると、親の介護も人間のあるがままの順序を全うしているということでもある。このように、介護の状況や親に対する気持ちは、そのまま自然に受け入れるのが大切なのです。

世代間の価値観の違いを、正しい縁で結び直す

――青江さんの立場から感じる、高齢社会の課題とはどのようなものですか。

青江　最近気になっているのは、世代間のギャップです。例えば、私はよく土地や建物の相続について相談を受けますが、親世代の立場からすると「先祖代々から伝わっているものなんだから、次の世代も当然守っていくべき」という思いがあります。しかし、子どもにとって、それらは資産ではなく負債。相続税もかかるし、修繕や維持費も必要で、面倒なのです。

こういった価値観の違いは、やはり断絶を生んでしまいます。でも私から見れば、どちらか一方が悪いわけではなく、両者の関係性、つまり「縁」に問題があるということ。だから「縁を正しく結び直し、お互いが歩み寄ることが必要です」といつもお話ししています。

地域の人による、心のこもった仕事という強み

――最後に、シルバー人材センターの印象について聞かせください。

青江　実は以前、知り合いから「シルバー人材センターに一度仕事を頼んだことがあるが、一回でやめた」という話を聞いたことがあります。その方は「シルバー人材センターなのに結構な値段を取るんだよ」という言い方をしていました。そこで改めて調べてみたところ、実はそれほど料金が高いわけではなかった。そのとき気付いたのですが、シルバー人材センターを利用する人の中には「一度リタイアした人のやる仕事だから、料金は安いはずだ」という先入観があるようなんです。

しかし、シルバー人材センターの仕事もお坊さんと同じで、対価によって仕事の質が変わるわけではありませんよね。ホテルのように高級ホテル、ビジネスホテル、ユースホステルなど、ランクによってサービスが変わってくるものがサービス業であって、お坊さんはお金を積まれてもお経は変わらないですし、会員さんの仕事の質が上がるわけでもありません。ただ、どの金額でも精いっぱい務めるだけです。

その代わりシルバー人材センターは、高齢者の雇用という社会的な意義を持ち、さらに地域の人による心のこもった仕事であるという良さがある。だからこそ、そのような意義は、もっと社会に伝えていく必要があるのではないでしょうか。

銀木犀

高齢者が自分らしく最期を迎えられる、地域社会を事業の視点でつくる

2019年7月号掲載　取材／山辺健史　撮影／小林由喜伸

下河原忠道

しもがわら・ただみち

株式会社シルバーウッド代表取締役

1971年東京都生まれ。父親の経営する鉄鋼会社に勤務していた1998年に渡米、スチールフレーミング工法を学ぶ。帰国後、株式会社シルバーウッドを設立して、高齢者向け住宅・施設の企画・開発事業を開始。2011年にはサービス付き高齢者向け住宅「銀木犀＜鎌ヶ谷＞」を開設し、以降11か所に展開。一般社団法人高齢者住宅協会理事。

高齢者が自由に暮らせる住まいを提案

――下河原さんが運営するサービス付き高齢者向け住宅「銀木犀《ぎんもくせい》」は、木材や日の光といった自然の要素をふんだんに取り入れたカフェのような内観が特徴です。設計や内装、家具の選択などに下河原さんのアイデアが多く生かされているそうですね。

下河原　銀木犀は全館、無垢《むく》材のヒノキのフローリングで、ビニールクロスは貼らずに壁を塗装で仕上げています。テーブルや椅子は家具職人の手作りで、高齢者に合わせて天井を低めに設定するなど、建築にはとことんこだわっています。銀木犀を作るときはいつも設計で思いや魂を込めまくっていて、なるべく高齢者施設の雰囲気を出さないよう心掛けています。

もともと私は、父が経営する鉄鋼会社で鉄を使った建築工法の開発などに携わっていました。二〇〇〇年ごろに建設業界の先行きを案じて高齢者住宅分野に取り組むようになったとき、全国の施設を視察させてもらって感じたことが、このような住宅を作る原点となっています。

というのも、視察した高齢者施設の多くが白やパステルカラーのビニール素材に囲まれた病院のような雰囲気で、〝暮らし〟を感じることができなかったのです。トイレには扉がなく、カーテンで仕切られているようなイメージです。つまり、入居者の快適さより、運営側の都合で作られているように感じたのです。ですから、もし自分が作るなら、まず入居者にとって気持ちの良い建物を目指そうと考えました。

――シニア世代の〝終の住み家《ついのすみか》〟への住み替えが注目されています。その点でも、銀木犀のような住まいはニーズが高いと思います。

下河原　関東圏にある銀木犀はどこも入居率がほぼ一〇〇％で、「建物が気に入った」と決めてくれた人が多いです。さらに、入居者が自由に暮らせる雰囲気にも、魅力を感じていただいているのではないでしょうか。入居者の中には認知症の方も多いですが、ここではなるべくできることは自分でやっていただく方針です。

入居者とはフィフティー・フィフティーの関係で、「何かできないことがあったら手伝いますので言ってください」というスタンスです。入居者の血圧測定や水分量の設定なども行っていません。酒もたばこも外出も、もちろんオーケーです。

――とても居心地が良さそうですが、日本の多くの高齢者住宅では、こうした考えはまだ少数派ですよね。

下河原　確かに、介護業界の講演で銀木犀のことを話すと、「理想論だ」という反発の声も上がります。介護職の中には「介助をしてあげる」ことが仕事だと思っている人がまだ多いのです。そういう「管理する」という視点で見ると、「もっと入居者を注意深く見るべき」「無垢材の床では転倒のリスクが高い」という発想になるのだと思います。

どのような業界でも、自分たちの将来を現実的な方法論だけで捉えては面白くない。超高齢社会を肯定的に捉えるには、現実の話を理想論で包んで考えるべきだと思います。

――超高齢社会でも、高齢者が豊かな後半生を送れる場所は少なくない、と。

下河原　ゆくゆくは高齢者住宅という概念もなくせるのでは、と私は考えています。

銀木犀の入り口には認知症の入居者が営む駄菓子屋があり、地域の子どもが買いに来ます。また、近所のママたちが一階の食堂を利用してダンスレッスンなどを開催しています。

このように〝地域の人が銀木犀を使い倒す〟スタイルの先には、意外とボーダーレスな住空間が可能になるかもしれません。そこには高齢者もいるけれど、学生もシングルマザーも障害者も共存するような住まいです。そして、地域の人が毎日やって来て、お互い助け合って暮らしている。そんなことができれば最高ではないですか。

高齢者住宅で重要な看取りは「生活の延長線上」であること

――超高齢社会では「高齢者の終末期をどう支えるか」という課題も大きいと思います。銀木犀では看取《みと》りも多く行っているようですが、実際、どのように取り組んでいますか。

下河原　もともと銀木犀を作ったときから、「人が安心して死んでいける住まい」を目指していたので、入居者の八割ほどはここで亡くなっています。銀木犀〈西新井大師〉では、直近の三年で二十二人が亡くなりましたが、その全てが自然な死で、いわゆる老衰です。

銀木犀では、入居者が亡くなることは生活の延長線上という感覚なので、無理な延命もしません。ですから、終末期となってもご本人が望まない限り点滴もしませんし、救急車も呼びません。その時点で、医療はほとんど必要ないからです。あとは、ご家族が行う看取りにそっと寄り添うことが私たちの仕事になる。そう考えると、むしろ看取りに至るまでのご家族とのコミュニケーションなど、毎日の積み重ねが大事なのです。

だからこそ、銀木犀では常にご本人と「銀木犀で亡くなりたいか」といった意思をしっかりと確認しています。ご家族はどうしても「何かしてあげたい」と考えがちになりますが、一番大切なのは「ご本人が何を望むか」ということ。最終的に、ご本人が望んだ通りに自然な最期を迎えると、とても感謝してくださいます。

――日本ではまだ「死ぬときは病院で亡くなる」という考え方が主流ですが、変化の兆しはどの程度あるのでしょうか。

下河原　今後はどんどん変わっていくと思います。私が参画していた厚生労働省の「高齢者向け住まいにおける看取り等の推進のための研修に関する調査研究事業」では、看取りの意義やケアについて具体的にまとめ、それを基に介護職向けの研修プログラムを作成しました。全国の介護事業者が取り入れている現状を見ると、彼らも従来の看取り観を変えるきっかけを探していたのではと思います。

認知症という課題をVRで体験できる時代へ

――ほかにも、社会的な課題に向けた活動として、認知症の症状を体験できるVR（バーチャル・リアリティー）コンテンツの制作やVR認知症体験会の開催にも力を入れているそうですね。

下河原　現在、日本には八百万人を超える認知症の方がいます。そのことは、まさに「他人ごとでは済まされない」課題になっている一方で、いまだに「認知症は恥ずかしい」「認知症になったら人生おしまい」などと捉える傾向があります。日常的に接している私たちから見れば、特段、認知症が絶望的だとは思えない。むしろ認知症になったことを認められず、家族などが彼らを叱《しっ》責《せき》してしまうことなどで認知症を進行させてしまう場合もあるのです。

だとしたら、変わるべきは我々の方。そういった発想から、認知症のある人がどのように感じているかを体験できるVRコンテンツを開発したわけです。

――事業は現在、どのような広がりを見せているのでしょうか。

下河原　自治体や企業へ有償で体験会を行い、二〇一八年までに三万七千人が参加するなど広く活用されています。ほかにも「発達障害」「世代間ギャップ」「LGBT」など、さまざまな状況を体感できるVRコンテンツを制作し活用しています。シニアの皆さんにも、ぜひ身近な社会課題として興味を持っていただきたいですね。

シニアが生涯現役で働ける仕事付き高齢者向け住宅の可能性

――シルバー人材センターが今果たすべき役割は、どのようなものだとお考えですか。

下河原　介護事業者の立場から言うと、シルバー人材センターには、シニアと介護の雇用をつなぐ役割をもっと果たしてもらいたいですね。深刻な人材難が続く介護業界では、シニアの雇用は大歓迎のはずです。オムツ交換や入浴介助などのハードな仕事だけではなく、高齢者向け住宅には軽作業もあります。むしろ私などは、シニアに介護の資格を取得していただけたら、入居者と一緒に入浴して風呂上がりのビールを飲んだりするような楽しい関わり方ができるのでは、と期待しています。

私たちは「仕事付き高齢者向け住宅」という事業にも着手しています。今年五月にオープンした銀木犀〈船橋夏見〉では、住宅に豚しゃぶレストランを併設し、入居者に働いてもらっています。認知症などの症状はありますが、周りのサポートがあればなんとでもなりますし、生涯現役で働くこともできます。そして、そこで目指すのは、本気でおいしい、行列ができるような豚しゃぶ店です。もはや超高齢社会の課題は、介護福祉の世界だけで解決する問題ではないと思います。ぜひ、シルバー人材センターにも、介護と社会をつなぐためにご協力いただきたいです。

BUURTZORG

地域を包括的に支え、高齢者の持つ「知の財産」を生かす

2019年8月号掲載　取材／山辺健史　撮影／小林由喜伸

吉江　悟
よしえ・さとる

一般社団法人 Neighborhood Care 代表理事、「ビュートゾルフ柏」看護師／保健師

2002年、東京大学医学部健康科学看護学科卒業。2011年より東京大学高齢社会総合研究機構で、千葉県柏市の在宅医療推進プロジェクトを担当。2014年に同医学部在宅医療学拠点の設立に携わる。2015年に一般社団法人Neighborhood Careを設立し、訪問看護ステーション「ビュートゾルフ柏」を開設。

地域の力を使って高齢者をケアする

——吉江さんが運営する訪問看護ステーション「ビュートゾルフ柏」（千葉県柏市）では、地域住民の「集いの場」が併設されています。この「集いの場」というのは、どのようなものなのでしょうか。

吉江　「地域住民による地域住民のための居場所」というイメージです。デイサービスとは違っていつ来てもよく、いつ帰っても問題ありません。

また、老若男女関係なく誰が来てもよく、ほかの方に迷惑がかからないことを前提に何をしてもらっても構いません。地域ボランティアとして参加するのはもちろん、集まっている人たちと一緒にランチを食べて話をするだけでもいいのです。二〇一八年度には、年間三千九百二十人の利用があったので、地域にはかなり浸透してきたと言えます。

——このような事業形態は全国でも珍しいと注目を集めていますが、どのようなきっかけで始められたのでしょうか。

吉江　これまで地域の高齢者の自宅に伺う訪問看護師としてリハビリや点滴、床擦れのケアなどの処置に携わってきましたが、そのような現場では病気が中重度となった利用者としか出会うことができなかったのです。一方で私は、病気の予防や健康維持を推進する保健師でもあるため、「病気にかかる前から関わることができれば、症状を未然に防ぐことができるのに」というジレンマを抱えていました。そうした思いから、訪問看護ステーションと一緒に介護予防や生活支援ができる集いの場をつくることにしたのです。

――訪問看護と集いの場を両立することで、地域の高齢者をより包括的に支えることができる、ということですね。

吉江　そもそもビュートゾルフとは、オランダ発祥の「地域看護」「ご近所ケア」という意味を持つ非営利組織の名称です。その基本的な理念にあるのが「玉ねぎモデル」という考え方で、地域で高齢者をケアする場合、本人を中心として同心円状に「家族や友人」「地域住民・ボランティア」「介護・看護などの専門職」という順で支えていくイメージを持っています。重要なのは、高齢者にとって身近な存在が支えるということ。親しい人々と接していく中で、高齢者に役割や充実感を持ってもらい、本来の「生きる力」を取り戻してもらうのです。そこで私たちは、まず集いの場をつくり、高齢者と親しい関係を築きながら支えていくことにしました。

集いの場で社会参加。役割を得て元気になる

――集いの場は昨今、高齢者を社会参加につなげる取り組みとして、その効果が大きく認められてきています。ビュートゾルフ柏ではどのように運営を行っているのでしょうか。

吉江　事業所として借りている一軒家の一角を集いの場として提供していますが、現在は平均年齢が七十五歳前後の地域ボランティアが二十人ほど参加しています。その中で、私たちは運営を支援するだけで、過ごし方や何をするかについては特に決めず、ボランティアに任せています。

――ボランティアに活動を任せるというのは、画期的な印象を受けます。具体的にはどのような活動をしているのでしょうか。

吉江　主なものでは、一食二百円の昼食を作ったり、布草履を手作りしたりしています。そういった事業で年間百万円ほどの売り上げが生まれるので、運営費の一部に充当しています。病気で閉じこもりがちだった高齢女性に「布草履作りを手伝ってほしい」とお願いして参加してもらったところ、元気を取り戻したという例もありました。

こうした社会参加への自然な促しが、集いの場の利点でもあります。ボランティアの中には要介護の方もいますが、彼女たちも含めて生き生きと活動していますよ。役割を持つことで生きる自信につながっていくのです。

看護師と住民がウィンウィンの関係で支え合う

――ステーションの看護師とも、交流が生まれているそうですね。

吉江　そういった関係性も、この取り組みの重要な要素だと思います。看護師と関わる中で自然と健康に関する相談ができますし、自分が終末期になったときの看取《みと》りを希望するなど、自分だけでは解決できない不安を取り除くこともできます。

また、こちらとしては「近所の女性が引きこもりがちなので、体が悪いのかもしれない」といった地域の情報も聞くことができます。そういった話をきっかけに、地域の高齢者を福祉の支援につなげたこともありました。

これらは、気軽に健康状態や心配事を聞く病院の「外来」のような効果があります。集いの場を通して地域の高齢者の状況を把握できるのは、とても意義あることだと思います。

――訪問看護ステーションの側としても、ボランティアと協働するメリットはありますか。

吉江　看護師とボランティアがウィンウィンの関係にあると言えますね。ボランティアにとっては集える場を持つことができますし、そこに看護師がいて健康相談などができるというのは安心だと思います。また一方で、看護師はボランティアが作る昼食を食べることができますし、事業所の掃除もしてもらえる。

さらに、ボランティアには、看護師の子どもを一時的に見てもらうこともあります。子どもを抱えながら働く看護師の場合、「少しの時間だけどこかに預けたい」ということもあるので、そのようなフォローは大変助かります。

このように、住民と看護師にはお互いに補完し合える「互酬性」があります。融通が利く人間関係は、まさにご近所ケアの本質。持続可能な運営をするためには、とても大切なことです。

住民活動と地域医療が、全国に広がる可能性

――ビュートゾルフ柏のような取り組みは、高齢者の暮らしを支える有効な方法の一つのように思えますが、こうした支え方が全国的に広がっていく可能性はあるのでしょうか。

吉江　あり得ると思います。元来、高齢社会のケアの在り方で、集いの場のような住民活動と地域医療は違う文脈で捉えられてきましたが、親和性のある取り組みなので、組み合わせることは理論上可能です。ただし、鍵となるのは、自治体や専門職がそういった意識を持てるかどうか。それがこれからの進捗《しんちょく》に大きく影響すると思います。

――国が今推進しているのは「高齢者の最期を地域で支えていく」という方向性です。そうした考え方にもフィットするので、自治体なども舵《かじ》を切りやすいのではないでしょうか。

吉江　こうした事業は、時代の要請であると思います。団塊世代がこれまで積み上げてきた医療や地域の捉え方というのは、一度考え直すべきタイミングに来ています。少子高齢化で高齢者を支える人数が少なくなっている上、社会保障の財源も限られているため、地域ケアを成り立たせるためには工夫が必要です。その方法の一つが、地元の人的資源や介護事業所などのさまざまな要素を組み合わせてサポートしていくこと。今はまさに、そのための知恵を結集すべきときだと感じています。

シルバーの持つ経験は「財産」。特性を生かす就労支援を

――吉江さんは、シルバー人材センターの取り組みをどのように考えていますか。

吉江 高齢者を地域で支えようとする点で、私たちの事業と同じ方向性があるように感じています。ただし、多様な生き方を尊重する共生社会という視点から見れば、「シルバー人材センターのための就労を考える」という定義自体が、閉鎖的な気がします。

むしろ、今は全世代の働き方を考えることが重要です。高齢者であっても、特性や身体機能を生かした就労支援をすることの方が、間口は広がるのではないでしょうか。

――就労支援を世代で区切るのではなく、その人が持つ特性で考えるべき、ということですね。そう捉えると、シルバー人材センターの会員が持つさまざまな経験は貴重な能力かもしれません。

吉江 集いの場で感じるのは、高齢者は、我々が得ることのできない知見や価値観を持っている人が多い。例えば、習字や和裁、礼儀作法など、自然に身に付いた「知の財産」が豊富です。そうした宝を社会に還元できていない状態は、非常にもったいない。日本特有の礼儀正しさや節度など私たちが学ぶべき点は多いので、シルバー人材センターもそうした特性を発揮できるような細やかな就労支援をすべきではないでしょうか。高齢者の強みを社会にPRできるのは、シルバー人材センターの真骨頂です。私もできることは後押しさせていただきたいと考えています。

―第5章―

生涯現役で社会貢献する

ただ、社会とつながるのではなく、
仕事やボランティアを通じて、自ら社会に影響を与えていく。
「生涯現役」でいるためには、何が重要なのか。

柔軟性と信用性を武器に、生涯現役社会をけん引せよ

2018年4月号掲載　取材／編集室　石川　了　撮影／戸室健介

清家　篤
せいけ・あつし

慶應義塾大学商学部教授・慶應義塾学事顧問、博士（商学）

2009年5月から2017年5月まで慶應義塾長。社会保障制度改革国民会議会長、日本私立大学連盟会長、日本労務学会会長、ハーバード大学客員教授などを歴任。経済社会総合研究所名誉所長、社会保障制度改革推進会議議長、ILO仕事の未来世界委員会委員などを兼任。2016年、フランス政府よりレジオン・ドヌール勲章を受章（現在、日本私立学校振興・共済事業団理事長、慶應義塾学事顧問、慶應義塾大学名誉教授）。

日本の高齢化、三つのポイント

――高齢者をめぐる環境変化について、どのように見ていらっしゃいますか。

清家　日本の高齢化には、三つの特徴があります。まず、高齢化人口比率約二八％という高さです（総務省統計局調べ）。これは世界一の水準で、さらに二〇三〇年代は人口の約三分の一、二〇六〇年には約五分の二に達します。二番目は高齢化のスピードです。ヨーロッパの高齢先進国は高齢化比率が七％から一四％になるのに五十～百年かかっていますが、日本は一九七〇年に七％になって九四年に一四％と二十四年しかかかっておらず、ヨーロッパに比べて二～四倍の速さです。そして、三番目は高齢化の奥行きの深さです。六十五歳以上の人口を比較的若い六十五～七十四歳と、より高齢である七十五歳以上に分けてみると、その比率は今は一対一ですが、団塊の世代が七十五歳以上となる二〇二五年には一対一・五になり、高齢者の中でもより高齢の人の比率が高まる。いわゆる二〇二五年問題といわれるもので、重要なポイントです。

少子高齢化の進む中で何もしないままですと、労働力人口は現在の約六千六百万人から約五千八百万人に減少するという予測があります（厚生労働省・雇用政策研究会、二〇一五年）。七十五歳を超えると有病率や要介護率も高まるので、二〇二五年には医療費、介護費の急増により社会保障給付も激増します。年金・医療・介護関係等の社会保障給付総額は現在の約百二十兆円から二〇二五年には百五十兆円に膨れると予想されています。労働力人口の減少、社会保障給付の激増が二〇二五年、二〇三〇年に向けて起きる大きな課題です。

――こうした問題への対策はありますか。

清家　克服する方法はあります。その方法は、労働力人口を減らさないことで、これを増やす余地のあるのは女性と高齢者です。もう一つは、社会保障給付の提供体制を見直すことです。すでに年金についてはマクロ経済スライド方式で、実質額が抑制されるような仕組みが採用されました。医療や介護の需要増については全て病院で対処していてはベッド数も足りなくなりますし、医療費も膨大になります。急性の病気ではない療養期の高齢者などの医療、介護を地域の老人施設や在宅療養で行う地域包括ケアの実現が必要です。

外部環境が大きく変化

――シルバー人材センターをめぐる環境はどのように変わったのでしょうか。

清家　シルバー人材センターが設立された一九七五年（当時は高齢者事業団）の状況を見ると、六十五歳以上人口比率は約八％（内閣府調べ）。大企業では定年五十五歳が四二％、同五十六～五十九歳も約四二％、同六十歳が約一六％で、平均は五六・六歳でした。一方、二〇一五年には六十五歳以上人口比率は約二七％、大企業の定年は六十歳が九九％、三十人以上の中小も含めると六十歳が約八一％、六十一～六十四歳が約三％、六十五歳以上が約一七％となっています。六十五歳までの継続雇用義務も段階的に進められています。高齢者が少なく、主流は五十五歳定年だった一九七五年当時と比べ、高齢者はずっと多くなって、企業の定年は最低でも六十歳となり、それ以上の定年も増えてきた。つまり外部環境は大きく変わったということです。

――シルバー人材センターが抱える課題は何でしょうか。

清家 定年制の実態、高年齢者雇用安定法が浸透してきた状況を見ても、六十五歳までの雇用は着実に進んでいます。中小企業では六十五歳定年も少なくありませんし、大企業でも六十五歳定年の動きが出てきています。さらに公務員の六十五歳定年制も政府内で検討されはじめ、六十五歳定年の方向は固まっているといえます。ちなみに、先ほど申しましたように女性や高齢者の労働力をできるだけ増やしていけば、労働力人口は二〇三〇年でも六千四百万人くらいに維持できます。そのためには、六十代前半の男性の労働力率を現状の約七八％から約九〇％に引き上げる必要があります。つまり、六十五歳までは働く前提でないと労働力人口は維持できません。二〇二五年には厚生年金の二階部分の支給開始年齢が最終的に六十五歳になるので、年金支給開始年齢と定年を接続するためにも定年は六十五歳にしていくべきでしょう。その意味で六十五歳までは働くというのがこれからの社会の標準となります。

では、六十五歳まで働けばそれでよいのかというと、そうではありません。現在、六十五歳になった人の平均余命は男性で約十九年、女性で約二十四年です。二十代前半から六十五歳まで働くとすると約四十年、引退後の期間は約二十年となります。働く前の約二十年も社会に支えられている期間とすると、人生八十年のうち半分は現役、半分は支えられる期間となってしまいます。

二〇三〇年に六千四百万人の労働力人口を維持するためには、男性の場合は六十五〜六十九歳の労働力率を現在の約五三％から六八％に引き上げることが必要で、六十代後半の三分の二以上は七十歳近くまで働いてもらうことが望ましいことになります。シルバー人材センターが行う事業の対象範囲を六十五歳以上中心にしていくことも求められると思います。従来、雇用保険は六十五歳までが適用範囲でしたが、先般六十五歳以上にも保険の適用範囲を延長したことは、その政策的なメッセージと言えるでしょう。その中で、シルバー人材センターの課題は、従来の「臨・短・軽（臨時的・短期的または軽易な業務）」だけではなく、派遣や職業紹介の分野などもいかに充実していくかということでしょう。

生涯現役社会をけん引する役割を

――シルバー人材センターの役割はどのように変わっていくのでしょうか。

清家　シルバー人材センターの役割が減るということはないと思います。六十五歳以上にも社会を支えてもらわねばならない必要性が高まり、従来六十代前半の人が担っていた仕事を六十五歳以上の人にもっと担ってもらう。あるいは以前から課題になっている女性会員の増強によって高齢女性の就労を促進し、介護や子育て支援、育児サービスなどを高齢者に担ってもらうようにする。高齢者による家事支援サービスは働く女性のキャリアを支援することになり、若い世代の女性の就労促進にも寄与します。高齢でも働く意志と仕事能力のある人にはしっかりと活躍してもらえる社会、つまり生涯現役社会をけん引する役割をシルバー人材センターに担ってほしいと思います。六十五〜七十四歳の人に対して、七十五歳以上の人が増えるということは、中長期的には七十五歳までは何らかの形で社会を支えることが求められるということです。ボランティア等も含めて多様な形で社会に貢献してもらうということです。その活躍の場は地域社会であり、介護や家事支援サービスなどはまさにその典型といえるでしょう。地域社会において高齢者が多様な活動をする際に、地域の生涯現役の活動推進拠点、地域の生活支援拠点としてのプラットホーム機能やプロモーター機能を果たすものとして期待されます。

シルバー人材センターの強みは、二つあると考えています。一つはNPO（非営利組織）である点です。NPOは民間の柔軟性がある一方、活動する際、公的組織の持つ信用性も併せ持っている。もう一つは、相互利用できる点です。つまり、自分の就業を支援してもらえる組織であると同時に、シルバー人材センターを通じて庭の手入れなどのサービスを受けることもできるということです。一方的な組織ではなく、シルバー人材センターを通じて地域のために貢献するし、同時にそこからサービスも受ける、そういう互助組合的な機能によって、コミュニティーへの参加意識を高めることも大いに期待したいと思います。役所や営利事業と異なる特性です。

「一人複役社会」の到来

――人生一〇〇年時代の高齢者の生き方についてメッセージをお願いします。

清家　長寿は人類の長年の夢でした。日本の平均寿命は、男性約八十一歳、女性約八十七歳と、どちらも主要先進国の中で最長寿国になっています。

そうした高齢社会は、シルバー人材センターにとってもさまざまなチャレンジ、チャンスの増える社会でもあります。人生が長くなり、何らかの活動で社会参加して社会を支え続けることが大切になる社会です。長い人生を有意義に過ごすには、年齢にかかわらず仕事や社会活動、あるいは趣味の活動や学び直しなどを切れ目なく行えるようにすることが重要です。学校を卒業して就職し、現役で働いて引退するという単線的な人生ではなく、年齢にかかわらず仕事もし、また社会活動に参加し、さらには学び直しもするという「一人複役社会」になると思います。

最近、健康寿命の伸長が叫ばれています。健康寿命が長くなることで職業寿命、消費寿命、資産寿命なども延びます。単に生物としての生命寿命だけでなく、仕事をし、消費活動をし、資産を運用し、勉強や趣味の活動をしたりする、その基本は健康寿命だということです。さまざまな活動の「寿命」を延ばすことで人生一〇〇年時代の社会は真に豊かなものになります。そういう社会を実現するために、シルバー人材センターの役割はこれからもますます重要になるでしょう。

高齢者を「支える側」に、福祉政策の労働政策転換を

2018年5月号掲載　取材／溝上憲文　撮影／戸室健介

秋山弘子

あきやま・ひろこ

東京大学高齢社会総合研究機構特任教授

イリノイ大学でPh.D（心理学）取得、米国の国立老化研究機構（National Institute on Aging）フェロー、ミシガン大学社会科学総合研究所研究教授、東京大学大学院人文社会系研究科教授（社会心理学）、東京大学ジェロントロジー寄附研究部門教授、日本学術会議副会長などを経て、2009年4月から現職。専門はジェロントロジー（老年学）（現在、東京大学名誉教授、東京大学高齢社会総合研究機構客員教授）。

六十五歳以上の身体・認知機能は、十歳若返っている

――元気な高齢者が増えています。政府も人生一〇〇年時代を見据えた経済社会の在り方を議論していますが、高齢者を取り巻く環境はどのように変化しているのでしょうか。

秋山　二〇一七年一月に、日本老年学会が「六十五歳以上」とされている高齢者の定義を「七十五歳以上」に見直すべきだとする提言を発表しました。健康に関するデータ分析から今の六十五歳以上の人は昔に比べて身体機能、認知機能が十歳ほど若返っています。かつての人生五十年時代から一〇〇年といわれる時代になりましたが、私たちはいまだに五十年時代の感覚で生きています。定年まで働いたら職業人生の現役はそれで終わり、あとはゆっくり過ごそうという生き方です。しかし、今の高齢者は元気になっています。当時の六十五歳や七十歳の人と、今の前期高齢者といわれる六十五歳から七十四歳とでは、できることがずいぶん違います。体力もあれば能力もありますし、活動できる範囲も広くなっています。

実際にシニアの多くの人たちは、非常にポジティブです。適当に草取りなどの軽作業でもして、お小遣いを稼ぎたいということを考えない。今はまだ定年や六十五歳になったら働いてはいけないという雰囲気がありますが、能力も体力もあってやりたいことがあるという人が非常に多いのです。自分が六十五歳になって、あなたの仕事はこれで終わりですといわれる社会ではなく、働

くチャンスがある社会にしていかなければならないと思います。

――生産年齢人口が減少する中、高齢者が活躍することは産業や社会の活性化につながります。

秋山　生産年齢人口の低下は先進国共通の課題です。欧米では、若い外国人労働者を受け入れて支え合いの比率を調整しています。日本にとっても一つのオプションだと思いますが、日本はなるべく外国人を入れたくないという国民感情があります。そうなると元気な高齢者が多く存在することは、日本の宝だと思います。自分たちは下に支えられる側であるよりも、下を支える側でありたいと願っている人たちが非常に多いのです。つまり、現役で働きたいと思っている。

イタリアやフランスに行って私がセカンドライフの就労の話をすると、日本にそんなに働きたい人が多いのは信じられないと言います。向こうの人たちはアーリーリタイアメントしたい、むしろ定年よりも早く仕事を辞めたい人が多いのです。しかし日本の多くのシニアは自分は支える側に回り、社会に貢献したいという気持ちを持っている人が多い。今となっては、日本の宝だと思います。政府も年金の受給開始年齢を七十歳以降に延長することを検討していますし、そういう人たちを活用していくべきだと思います。

福祉政策から、労働政策に切り替えていく必要がある

――現役で働きたい高齢者が増える中、シルバー人材センターの役割も変わってきています。

秋山　シルバー人材センターは一九七〇年代から八〇年代にかけて平均寿命が延びていき、定年後も就労を通じて元気に過ごすという高齢者の福祉政策として生まれました。しかし、身体・認知機能の若返りに加えて、少子高齢化による生産年齢人口が急速に減少する中で、社会の担い手として活躍してもらう必要があります。私自身も高齢者の一人ですが、今後は福祉政策から労働政策に切り替えていく必要があると思っています。

私は生活者の視点から社会の課題を研究し、特にセカンドライフの就労の研究をしています。全国各地のシルバー人材センターを見てきましたが、今の高齢者は団塊の世代あたりから大学卒の人が圧倒的に多いですし、スキルも持っている。そういう世代のニーズに対応できていないのではないかと思っています。もちろん全国のシルバー人材センターの中にはシニアのニーズに合う形の仕事をつくっているところもありますが、それはごく一部という印象です。

中には一九八〇年代の姿をそのまま維持して変わりたくないというところも散見されますし、特に都市部のシルバー人材センターは派遣や請負の仕事があるので変わることに対する抵抗感を抱くのかもしれません。しかし変わることで、シルバー人材センターには大きな役割を果たしてほしいという期待があります。

――具体的にどのような役割を期待されていますか。

秋山　労働政策の一環として、今ハローワークも若者中心からシニアにも門戸を開く方向で動いています。また、生涯現役促進地域連携事業も拡大しています。シルバー人材センターも労働者としての高齢者の新しい仕事を開拓していくことが必要です。そのためには雇われる力、つまりエンプロイアビリティも重要です。雇用主が高齢者をあまり使おうとしないのは安全上の問題や技術に対応できないので、生産性が低下するのではないかという心配があるからです。

その心配を払拭《ふっしょく》するためには新しい技術を修得し、エンプロイアビリティを高めれば雇ってもらえる。シニアに対する就労支援に積極的に取り組んでいくことが、シルバー人材センターの役割でもあると思います。

長期的にはシルバー人材センターとハローワーク、生涯現役促進地域連携事業の三つが連携・統合し、それぞれの持ち味を生かした高齢者の就労促進に取り組んでいくべきだと考えます。ハローワークは就労の紹介機能として企業との接点があります。例えば大阪府豊中市では、シルバー人材センター、ハローワーク、市役所の三者が連携し職業紹介を実施していますが、これも一つのモデルだと思います。

私たち東京大学高齢社会総合研究機構も、生涯現役促進地域連携事業の中で千葉県柏市などと協議体をつくり、セカンドライフの就労事業を実施しています。三者が連携すればエンプロイアビリティの向上や新しい仕事の開拓、今後必要とされる柔軟な働き方の仕組みの開発などにおいて、非常に大きなパワーになると思います。

また、その機能としては高齢者だけではなく、若い世代も含めて生涯を通じた就労支援の組織へと発展していくことも提案したいのです。おそらく今後は定年もなくなるでしょうし、そうなれば何歳以上でなければならないという働く年齢区分がなくなります。時代や社会の変化を見据えて、近い将来に対応できる組織にシルバー人材センターは変わっていくべきだと思います。

働く、学ぶ、遊ぶ、休む、をうまく組み合わせた人生設計

――人生一〇〇年時代の中で生きがいや働きがいを見つけていくには、何が必要でしょうか。

秋山　人生一〇〇年になると定年もなくなります。そうなるとセカンドライフという言葉もなくなり、連続して働くことになります。一〇〇年を自分で設計し、軌道修正を時折するなど、自分で舵《かじ》取りをしながら生きていく時代になります。私は人生後半を生きていくには、働く、学ぶ、遊ぶ、休む、の四つをうまく組み合わせて設計することを勧めています。仕事を複数やることになれば、やはり学ばなければいけないし、そのための常に学ぶ場も必要になります。

次世代の高齢者である五十歳から六十四歳を対象に実施した私たちの調査で、「あなたが六十五歳になった後に何をしたいか」を聞いています。一番多かったのは〝働く〟こと、二番目が〝自分を磨く、学ぶ〟ことでした。つまり団塊世代の後の世代は、自分がシニアになっても働いていたい、自分を磨くために学びたいと考えているのです。仕事をするために資格を取るだけではなく、現役のときに忙しくてできなかった〝考古学をやりたい〟あるいは〝美術史の勉強をしたい〟〝ギターを弾きたい〟、そのために学びたいという意欲を持っています。

また、働くことに関しては、一人一人が働ける範囲で働くことで、社会の支え手になっていく必要があります。七十歳まで定年を引き上げるというイメージを持っている人がいますが、それではうまくいかないと思います。

六十五歳以降の人生の後半戦はマラソンの後半戦とよく似ていて、非常にバラツキが大きいのです。人によって、体力にもかなりの差がありますし、自由になる時間にも差がある。二十四時間全部が自分の時間という人もいれば、介護や孫の世話で時間に制約がある人もいます。もちろん経済的な違いもあります。多様なバラツキのある人たちが自分たちの体力、能力、自由になる時間を使って、できる範囲で働くことができるようなシステムをつくり上げることが大切になります。

例えば、スウェーデンでは個人ごとに一つの仕事の契約をする方向に動いていますが、互いに話し合って次の年にあなたはどのくらい働きたいのか、給料はどのくらい欲しいかを決めます。そのような形が、シニアにふさわしいのではないかと考えています。その受け皿として、シルバー人材センターなどが就労支援の組織として間に入るのもよいと思います。そこに行けばいろいろな仕事の情報があり、働くチャンスがある。さらにボランティア活動や生涯学習の場もあってもよいでしょう。

六十五歳以上も働き、自分で定年を選ぶ時代になる

2018年6月号掲載　取材／溝上憲文　撮影／戸室健介

川崎二郎

かわさき・じろう

衆議院議員（自由民主党所属）

慶應義塾大学商学部卒業。松下電器産業株式会社に入社。1980年第36回衆議院選挙に初当選、当選12回。運輸大臣、北海道開発庁長官、厚生労働大臣、自由民主党国会対策委員長等を歴任。現在、自由民主党シルバー人材センター活性化議員連盟会長。

自分で定年を選ぶ時代に

――人生一〇〇年時代が注目されています。高齢者の仕事を取り巻く環境はどのように変わっていくのでしょうか。

川崎　私が厚生労働大臣をしていた二〇〇五年に出生率が史上最低の一・二六を記録し、その年の暮れに少子高齢化社会問題に対する一種の非常事態宣言を出しました。日本の労働力人口が長期的に減少していく中で、それをカバーするために女性、高齢者、若者の働き方を見直していくこと、それに加えて外国人労働者を活用することです。この四つをバランスよく組み合わせて労働力の確保を着実に進めていこうというのが国の大方針です。女性に関しては、それまでは男性は仕事、女性は家庭を守り子どもを育てるという、男女役割分業論が主流でした。しかしそれでは働き手が増えないという議論になり、男女が共に働いて子どもを育てる社会に大きく舵《かじ》を切りました。そのために子ども手当の支給をはじめ、保育園や学童保育を充実させて働く女性を応援しようという政策を展開し、結果として女性の社会進出につながっています。

また、高齢者に関しては公的年金支給を六十五歳に延長し、六十歳から六十五歳までの雇用確保を企業に義務付ける政策を打ち出して、再雇用で働くシステムが出来上がりました。そして現在の最も大きな政策課題は、私たちが提案した二〇二五年の公務員の六十五歳定年制の実現です。すでに中小企業では六十五歳を超えて七十歳以降も元気なうちは働いてほしいという流れに変わっています。変わっていないのが大企業と公務員です。六十五歳定年制にすることで、元気な人は定年以降も働いてもらう。それに応じて年金の受給は、これまでの七十歳までの繰り下げを七十歳以降も繰り下げできるようにして受給額が増える仕組みの検討が行われています。

今後は、健康であることを前提に自分で年金受給時期を決められるようにする、つまり自分で定年を選ぶ時代になっていきます。

――自らが定年時期を選ぶという時代において、シルバー人材センターの課題とは何でしょうか。

川崎　これまでは六十歳から六十五歳がセンターの大きな戦力となっていましたが、六十五歳までの再雇用の実現によって会員数が急激に減少し、百万人を切っています。今後のターゲットは六十五歳から七十歳、七十歳から八十歳と上がっていく。それに応じてどのような仕組みにしていくのかを考えていく必要があります。また、女性をどう取り込んでいくのかを考えないといけませんし、ホワイトカラー出身の人たちに入会してもらうための工夫も必要です。

私は大学卒業後に松下電器産業（現・パナソニック）に勤めていました。昔の仲間は千葉県や神奈川県に住んでいますが、会社の転勤などの事情で引っ越してきたので近所に同級生がいるわけではありません。定年で仕事を辞めても、なかなか地域には入っていけません。特に、都市部のサラリーマン出身層がシルバー人材センターを通じて六十五歳から七十歳、あるいは七十歳以降も働けるような環境をどのようにつくっていくのか、これが一番大きな課題だと思っています。

現役時代の知識や経験が生かせる仕事を増やしていく

――六十五歳で地域に戻ってくるホワイトカラー層を受け入れていくには、どうすればよいですか。

川崎　これまでシルバー人材センターが提供する仕事は、植木剪定《せんてい》、清掃、駐輪場管理などの軽作業が中心でした。しかし今後は、ホワイトカラー層が現役時代に培った知識や経験が生かせる仕事をもっと増やしていく必要があります。

例えば、リコージャパンと全国シルバー人材センター事業協会とが協業して、パソコンやプリンターの納入・設置作業の一部を全国のセンターが担う仕組みを展開しています。これも技術的な仕事に従事してきた高齢者のスキルを生かせるよい例です。あるいはインターネットや物流網が発達した現代では、地方にいても印刷物の校正作業がインターネットでできます。また、数時間もあれば品物が届く時代ですから、パソコンを使った作業は地方でも受けられるでしょう。パソコンを使いこなす団塊の世代も多くなり、自宅でできる仕事も増えています。

身近な例としては、人手不足といわれる介護など福祉施設の仕事も可能だと考えています。介護のプランニングや現場の介護業務は若い人でなければ難しいとしても、パソコンを使う事務作業などは市役所や銀行のOBでもできます。しかし、そうした仕事の切り分けができていないのです。どういう業務なら高齢者に任せられるのかを明確に切り分けし、一部の仕事をシルバー人材センターに任せてもよいと思います。例えば、土・日曜日など人手が足りないときは比較的元気な高齢者に軽度の介護を任せてもいい。週二、三日なら高齢者でも行えますし、施設の仕事を積極的に切り出して任せる。そうすれば人手不足も相当軽減されるでしょう。

私の将来の夢は、七十歳以上の高齢者を福祉施設や障害者施設で二割以上働けるようにするということです。例えば、障害者の雇用では二・二％の法定雇用率があります。その代わりに助成金などの財政的恩典やペナルティーもありますが、全体として雇用者は増えています。同じ厚生労働省の枠組みの中で同様の仕組みをつくり、高齢者を積極的に活用していくことが大切です。

――現役時代に培ったスキルを生かせる仕事の創出や、高齢者でも行える仕事の切り分けを推進していくにはどのようにすればよいでしょうか。

川崎　一つは自治体の首長さんの理解が必要です。高齢者が増えるという地域の現実がある以上、よく説明すればほとんどの首長さんは理解してくれると思います。自治体の中には高齢者に向いた仕事は何かを考え、またやるべき仕事を切り分けるなど十分に配慮してくれる首長さんもいます。そこまで至っていないところもありますが、地方では徐々に進みつつあります。もちろん仕事を創出していくにはシルバー人材センターの役割も大きい。トップが民間から来れば、民間らしい発想で仕事を創出するでしょう。自治体の出身者ならば首長との連携で多くの仕事を生み出すこともできますし、それぞれのメリットがあります。要するに理事長や事務局長など、参画する人の心意気で大きく変わるのです。

首長さんの理解とセンターの努力次第で地域間格差も出てくるでしょう。その格差を是正し、どのように推進していくのかが中央の組織の役割でもあります。うまくいっていない地域があれば、東京から地方に赴くとか、ブロック全体で指導に行くとか、汗をかくことも大事でしょう。

定年後のワークライフバランスを設計図として自ら描いてみる

——高齢者が生きがいや働きがいを見つけていくにはどうすればよいでしょうか。

川崎　私は七十歳になりますが、会社員時代の同期二十人と集まったときの話題は趣味や生きがいです。共通した感想は〝六十五歳で仕事を辞めて何かしようと考えていたが、五年間があっという間に過ぎてしまい、これから十年間は何をしようか〟と皆が真剣に考えていました。

生まれてから高校や大学を卒業する十八歳や二十二歳までは学びの時代、それから仕事の時代に入り、六十五歳まで働いたとしても九十歳になるまでには、まだ二十五年もあるのです。二十五年は、生まれてから大学を卒業するまでよりも長い。この先を何もしないで過ごすのか、あるいは何か目的を持って生きるのかで老後の生活は大きく変わります。

ヨーロッパの国々のように、ハッピーリタイアして年金をもらいながらのんびりと暮らす生き方を夢見た時代もありましたが、それでも二十五年は長い。とても趣味や遊びだけでは持ちません。日本は六十五歳以降の生き方の中で働くことを加えた最初の国であり、高齢者が働くトップランナーだと思います。個人にとってもこの二十五年をどう生きていくのか、できれば五十歳を超えたら趣味や仕事を含めた自分なりのワークライフバランスの設計図を描き、助走を始めるのもよいかもしれません。

もちろん、若い人と高齢者のワークライフバランスは違います。若い人はどうしても子育てが中心になります。高齢者の場合は、例えば週三日は世の中のために働いて所得を得る、残りの三日は趣味やボランティア活動に費やそうとか、あるいは一年間の中で八月の一か月は休んで何かをやろうとか、自分だけのワークライフバランス計画を立てるだけでも楽しいのではないでしょうか。

また趣味として菜園やスポーツをやる、ボランティアを始めるにしても仲間が必要です。そうした仲間はシルバー人材センターでもつくれます。近年は趣味などのサークル活動やボランティア活動に積極的に注力しているセンターも増えています。趣味などの余暇活動と、仕事など高齢者のワークライフバランスの実現をサポートする役割も今後はセンターに求められてくるでしょう。できれば将棋やスポーツなど、シルバー日本一を決めるイベントなどを全国のシルバー人材センターの主催でやってみたいですね。

働く場の開拓と、高齢者が社会貢献できる活動を

2018年12月号掲載　取材／山辺健史　撮影／小林由喜伸

堀田　力

ほった・つとむ

弁護士、公益財団法人さわやか福祉財団会長

1934年京都府生まれ。京都大学法学部卒、1961年に検事任官。1976年東京地検特捜部検事としてロッキード事件を担当、1991年法務大臣官房長を退官。その後、さわやか福祉推進センター（2010年に公益財団法人化）・さわやか法律事務所を開設。「高齢社会NGO連携協議会」共同代表や厚生労働省の高齢者介護研究会座長などを歴任。著書に『「共助」のちから』（実務教育出版）など。

少子高齢化の時代は、高齢者の活躍が重要

――堀田さんが「助け合いの社会づくり」の活動に入ったきっかけの一つは、日本の少子高齢化を見越し、高齢者を地域で支えていく必要性を感じたことだったそうですね。それから三十年ほどたった今の日本の現状を、どのように捉えていますか。

堀田　やはり高齢者が多くなり、若者が少なくなっている現象は顕著です。こうした状況は、数少ない青年層・壮年層で、多くの高齢者を支えなければならないという社会構造が現実的になったことを示しています。一方で、このような状態だからこそ、高齢者にはなるべく長く頑張っていただき、社会の中で能力を発揮してもらわなくてはいけないと思っています。

そういった意味では、高齢者の就労に取り組むシルバー人材センターの活動はとても重要です。でも、まだまだ高齢者の力を生かせる場が少ないことは事実で、それは情けないことです。

シルバー人材センター主導で、働く場の新規開拓を

――そのような時代背景の中、シルバー人材センターができることとは何でしょうか。

堀田　高齢者に能力を発揮してもらうため、就労先の選択肢を増やすことが重要です。シルバー

人材センター自体が積極的に社会に出ていき、さまざまな企業と手を組んでいくことが大事な役割となるでしょう。

例えば、静岡県磐田市にあるコーケン工業株式会社のように、従業員の約七割が六十五歳以上の企業もあります。同社はパイプ加工の専門メーカーなので、仕事には体力も根気も必要ですが、高齢の従業員にもそれぞれの年齢に見合った仕事をきちんと割り当て、業務を進めています。かつては、九十二歳まで働いていた女性もいたそうです。

このように、さまざまな企業があることを知り、自分と企業の思いがマッチするところを探し出せれば、高齢者でも働ける余地はまだあるのです。

――現在、シルバー人材センターの会員は約七十二万人いますが、近いうちに百万人に増やすことを目標としています。会員増強を後押しするポイントは、そのあたりにもあるのでしょうか。

堀田　そう思います。私の仲間で、高齢者向けの就労サポートを行っている団体がありますが、彼らはこつこつと企業を回って、企業と一緒に高齢者の働き方をつくり出しています。中には、高齢者を従業員の教育係として雇っている例もあり、参考になります。

その場合、高齢者の給与は安いのですが、実務ではないので高齢者のプライドを損なうことはありません。その上で、企業としては高齢者の豊富な経験を若い従業員に吸収させることができる。企業側は社員教育に現役社員を取られなくていいわけで、両者に喜ばれている働き方だと聞いています。ぜひともシルバー人材センターにも、高齢者が働く場を自らが開拓するという気構えを期待したいです。そうすれば、「ここにはやりたい仕事がある」という評判が立ち、会員も増えてくると思います。

また、そのように高齢者を入り口として、日本全体の働き方を変えていくこともシルバー人材センターに求められることではないでしょうか。その結果、障害者や子育て中の親が状況に応じて働ける場も増えていけばもっと素晴らしいですね。

就労とボランティアの違いは、明確にすべき

――シルバー人材センターの会員の中には、就労とは別にボランティアをしたいという思いの人もいるようです。

堀田　それは、大いにやっていただきたいです。ただ、その際に一つ注意点があります。就労とボランティアなどの助け合い活動は、法的な根拠が違いますし、やる人の気構えも別のものです。だからその二つはしっかりと区別することが重要です。就労はお金をもらうので、やれることやその範囲は雇い主の意向で決まります。掃除や食事の支度などの家事援助の場合でも、何をどうやるかは依頼者の注文に従わなければいけないわけです。しかし、ボランティアはやり方なども臨機応変に相談しながらやっていいわけで、自分の気持ちと合わなければ辞めることもできます。

今は、そのあたりの線引きが曖昧《あいまい》になっている例が見受けられます。会員にその気持ちに添っ

て力を発揮してもらうため、そういった心構えの部分を参加者全員にしっかり分かってもらうことが必要だと思います。

助け合いの活動には、人生を変える力がある

――堀田さんは、シルバー人材センターの会員のように、高齢者が社会貢献を続けることの良さをどのようにお考えですか。

堀田　高齢でも、持って生まれた自分の能力を存分に発揮することは快感なのです。「誰かの役に立っている」と実感することが、生きる喜びにもつながっていきます。人間、どんなに裕福でも、役立っているという自己充足感がないと生きていけないものなのです。

例えば、こういうことがあります。時々、私は「助け合いの精神」を紹介するセミナーなどで、外資系の証券会社のトップの人たちと会うのですが、彼らは年収一、二億円ももらっているのに全く幸せそうに見えない。表情がなく、笑わない。聞くと、朝から深夜まで取引があるので、仕事だけの毎日ということでした。一食十万円ぐらいかけて高級な食事をするようですが、とてもつまらなそうなのです。しかし、こちらが何度か助け合いの良さを教えていくと、徐々に変わってくる。そのうち、その中の一人は小さな証券会社に転職し、ボランティアを始めるようになりました。収入が十分の一になっても、「家族と過ごせる」「地域の活動ができる」と、今ではとて

も喜んでいます。このように、ただお金を稼ぐだけの仕事には限界があるのです。

一方で、シルバー人材センターのように地域に貢献する「共助」の世界の考え方は、人の価値観や人生を変える力にもなるのです。ただ、高齢者が現役で働き続ける場合には、注意点もあります。高齢になると誰しも体力や気力が落ちてくるもの。そうなっても元気に活動を続けるためには、「自分の思い」を第一に考えるべきなのです。通常、仕事というのは、自分のしたいようにはできませんし、時には嫌なこともあるでしょう。それを我慢して働いていると、いつかつぶれてしまいます。高齢なら、ある程度の貯蓄や年金もあるので「お金のために働く」という部分にあまり縛られる必要はないのです。その代わり、自分の能力が生かせる、楽しいと思うことを一番に考える方が良い。

そのためには、「働き方や仕事のやり方にわがままを通させてもらう。その代わりに給与はこの程度でいいです」というように、しっかりと雇用主と話しておくことも大切だと思います。

嫌なことをやらないのが、生涯現役の秘訣

——社会への提言や仕組みづくりを行ってきた堀田さんも高齢者の一人。現在も現役で働き続けるのはなぜでしょうか。

堀田　基本的には楽しいからです。この活動を続けていないと元気がなくなってしまうのが、自

分で分かっているからやっているのです（笑）。

また、やりたくないことをやらないでいられることも、現役を続けていられる秘訣《ひけつ》です。財団で大きな仕組みを提案するときは、話の分からない政治家に会って頭を下げないといけない場合があるのですが、それは性に合わないので今でもしていません。法務大臣官房長だった時代から、尊敬できない政治家に会うのがとても苦痛だったのです。

ただ、やはり財団としては必要なことなので、そういうときは、「得意じゃないから誰か代わりにやってくれませんか」「助けて」と泣きつく（笑）。そうすると、ボランティアの世界は不思議なもので、そのようなことに長《た》けている人が「やってもいいよ」と言いながら目の前に現れるのです。だから、周りの皆さんのお陰で、今でも嫌なことはやらず、楽しく働いていられる。幸せな環境で働けることを、本当に感謝しています。

――そんな堀田さんのこれからの目標は何でしょうか。

堀田　今、一番力を入れている活動は、高齢者介護の分野における「新地域支援事業」の普及と定着です。これは、以前まで介護保険でやっている要支援者に対する生活支援を、地域の助け合い活動でやろうとしているもの。

私たちは全国に助け合いを広める立場から、その制度の実現化を厚生労働省とも協力して行っています。でも、大変な作業で、きちんと運用されるには十年くらいかかるかもしれません。

今の私の目標は、そういった活動を命尽きるまでやりきることです。

シニアの「モラトリアム」に注目、大義名分と素直さで再チャレンジを

2019年6月号掲載　取材／山辺健史　撮影／伊藤武丸

堀内裕子
ほりうち・ゆうこ

**シニアライフデザイン代表、
シニアライフ・デザイナー**

高齢者住環境研究所で要介護者向け住宅改修に携わった後、コンサルティング会社に転職。その後、シニアライフ・デザイナーとなる。桜美林大学老年学研究科博士前期課程修了、東京都健康長寿医療センター研究所協力研究員。企業、地方自治体、商工会・工業会等の講演多数。著書に『新シニア市場攻略のカギはモラトリアムおじさんだ！』（共著／ダイヤモンド社）など。

シニア世代にある「セカンドライフモラトリアム」を発見

――堀内さんの専門である老年学（ジェロントロジー）とは、老年医学や老年心理学、老年社会学などから成る、横断的な学問だそうですね。そうした視点から、日本の高齢化の現状はどのように見えるのでしょうか。

堀内　日本は戦後、世界に類を見ないスピードで急速に高齢化社会となりました。一九四七年に初めて平均寿命が五十歳を超え、二〇一七年には女性が八十七・二六歳、男性は八十一・〇九歳と、七十年間で三十歳以上も寿命が延びているのです。

そのような背景から、急な高齢化に社会通念やインフラが追い付かず、シニアの生き方研究やシニア向けのサービスにも影響を及ぼしているのだと思います。

――日本ではいまだに「シニア」の定義も曖昧ですが、そのあたりの研究も堀内さんは続けてこられたそうですね。

堀内　多くのデータを集め、その結果から「シニアとは、五十五～七十四歳」と定義しました。ただ、ひとくくりにシニアといっても、さまざまな価値観や行動、志向を持っているので、それらをしっかりと整理・分析することが大切です。

そこから得た情報は、高齢社会を読み解くヒントにもなるはずです。

――シニアの分析では、堀内さんは「セカンドライフモラトリアム」という存在を重要視されていますね。

堀内 彼らを定義づけられたのは、ある種の発見でした。なぜなら、セカンドライフモラトリアムの方たちは、シニア全体の約三割を占めている〝最大派〟だからです。そして、「一億総活躍社会」を実現する上でも、キーポイントとなる方たちです。そのような背景から、彼らをよく知り、さまざまなレベルで関わっていく必要があると考えました。

――具体的にはどのような人を指すのですか。

堀内 何十年もずっと会社で頑張ってきた元企業戦士が、そのままシニアになったイメージです。趣味がなく、「何かをやりたい」と思っていても最初の一歩を踏み出せない。その一方で、「誰かの役に立ちたい」「高齢でも少しはお金を稼ぎたい」とも考えている。ただ、このような方たちが社会進出に一歩踏み出すためには、「大義名分」が重要なのです。

例えば、「多少のお金が稼げる」こと。奥さんやお子さんに対して「小遣いを稼ぎに行ってくる」という大義名分ができますし、そのような用ならば家族も安心して送り出せるからです。また、社会の中で再び役割を与えられたりすると、「自分が行かなければならない」といった使命感も生まれ、それが続けていく大きなモチベーションになっていきます。

――堀内さんもセカンドライフモラトリアムと協働して、取り組みを行っているそうですね。

堀内 横浜市港南区社会福祉協議会（以下、港南区社協）と企画した「リビングラボ」という活動です。これは「産（産業界）・官（国／地方自治体）・学（教育／研究機関）・民（地域住民／NPO）で地域を考える」プロジェクトで、先日は、港南台にある大型スーパーを舞台に、近隣在住の六十代、七十代の男性八人を招いて行いました。私が司会を担当し、大型スーパーの関係者や港南区社協スタッフなども同席して「男性が行きたくなる商業施設とは？」をテーマに意見を交わしたのです。議論はとても白熱し、実りの多いものとなりました。

その際、参加したシニアからは、「意見が役に立って良かった」「このような社会貢献の方法を知って、やる気が出た」という感想が多く聞かれました。やはり重要なのは、「自分が必要とされる」こと。皆さん、とても大きなやりがいを持つことができたようでした。

シルバー人材センターと親和性の高いセカンドライフモラトリアム

――シルバー人材センターとしても、セカンドライフモラトリアムの人たちには、積極的に活動をPRしていきたいと考えています。

堀内　シルバー人材センターがやるべきことは、そんなモラトリアムおじさんたちのきっかけをつくることなのではないかと思います。

例えば、企業で働く五十代を対象に、センター主導で後半生を迎える心構えを伝える講座を開くというのはどうでしょう。ほかにも、地域活動への参加の仕方など、知っておくべき心得はたくさんあります。

また、五十代がこれから直面するのは、親の介護の問題です。昨今、シニア世代の介護離職が問題になっていますが、仕事を辞めたらその途端に生活が困窮し、早々に行き詰まるケースは多いと聞いています。そうなる前に「親の介護・認知症の不安が出た時点で、各地域にある地域包括センターに相談すればいい」といった、介護の制度に関する情報を伝えておく必要があります。やはり、五十代からシニアに関する問題に積極的に関わっていくことは重要です。そのことがやがて新たな会員を増やしていくことにもつながっていくと思います。

いまだに整備が追い付かない、シニアの求人体制

――シニアの就労全体の方策についても、課題が多いように感じます。

堀内　特に、シニアを受け入れる企業が産業界でまだまだ少ないことには驚きます。シニアが就ける職種は、いまだに警備や清掃などの肉体労働が主であり、職種が限定されています。先日、六十三歳の元気なシニアに聞いたのですが、仕事探しのためハローワークを訪れた際、その場にいた六十三社のうち彼に興味を示したのはたった三社だけ。きちんと話を聞いてくれたのは運送会社の一社のみだったそうです。このような現状では、シニアの再就職は到底うまくいきません。

――どのように変わればよいのでしょうか。

堀内　まずは、企業側がシニアの雇用を柔軟に考えるべきだと思います。老年学では、人の持っている能力を「結晶性能力」と「流動性能力」に分けて考えます。結晶性能力とは、まさにシニアに有利な能力。知識や経験を積み重ねて培った能力で、職人が持つ優れた技術などはそれに当たります。結晶性能力はシニアになってもあまり衰えないので、企業側は尻込みせず、シニアが持っている技術を会社に取り入れるつもりで、再雇用を捉え直してみるべきです。

また、求人情報をシニアに提供するためのインフラ整備も大切だと思います。例えば、国や公益社団法人などが、横断的なシニア向け人材バンクをつくってみる。昨今は、ネット通販の急増で運送会社などは人が足りないと聞きます。

しかし、一方では「働ける場が少ない」と嘆くシニアも多い。要はマッチングの問題です。その部分を橋渡しするツールがあれば、企業とシニアは結び付いていくはずです。ハローワークなどに出向いて仕事を探すという今のシステムを変え、人材バンクからの求人情報がスマートフォンに直接届くような施策ができれば、シニアの就労の機会もおのずと増えていくはずです。

シニアに求められる心構えは、素直になること

――シニアの側も待っているだけでは駄目なのでしょうか。

堀内　雇われる側のシニアの心構えも大事ですね。シニアを雇用している会社の方によく聞く話なのですが、職歴や能力を信頼して仕事を任せると、やる前には「できる」と言っていた作業が、いざやってみると全然できないことがよくあるそうです。

これを「高齢者はうそをつく」と表現しますが、「体力の衰えと、自覚との差」「昔の手法と、現在の手法の理解」「昔は組織で、今は自分一人」など、シニアはそういった自らの状態を客観的に把握しておくことが大切です。

そして、できない仕事は正直に「できないです」と伝える。また、「ありがとう」や「すみません」といった言葉も素直に言えるようにならないと……。

とはいえ、それはシニアが積んできた今までのキャリアを全否定するものではありません。雇用主として「今いる会社のやり方を学んだ上で能力を発揮してもらいたい」と願っているだけなのです。このように、雇用主とシニアの双方が歩み寄ることが重要だと思います。

どちらにしても、シニアの能力が使われず社会の中に眠っているのは損失です。シルバー人材センターを含めた雇用機関は、彼らのことをもっとよく知り、お互いがウィンウィンの関係を築くように出会っていただきたい。必要ならば私も、橋渡しの役目を担っていきたいと願っています。

口と歯の健康が、シニア世代の生活・命を守る

2020年12月号掲載　取材／山辺健史　撮影／栗原　論

米山武義

よねやま・たけよし

歯科医師、歯学博士、医学博士

日本歯科大学卒業後、同大学歯周病学教室助手を経て、1981年王立スウェーデン・イエテボリ大学に留学。1991年に米山歯科クリニックを開業。高齢者における口腔ケアの重要性に着目し、介護施設で口腔ケアと誤嚥性肺炎の関連を調べる研究を行う。第66回保健文化賞受賞。日本老年歯科医学会指導医・専門医。日本歯科大学名誉博士号。著書に『肺炎は「口」で止められた！』（青春出版社）など。

「生きがい」に直結する、高齢者の口内環境

――米山さんは歯科医師として長い間、高齢者における「口腔《こうくう》ケア」の重要性を唱えていらっしゃいます。それは、どのような思いからなのでしょうか。

米山 人が生きていく際の「生活の質」（クオリティ・オブ・ライフ／ＱＯＬ）が、年齢を重ねていくにしたがって、口の働きと密接に関わってくると考えているからです。

これは、老人ホームなどの高齢者施設で多くの利用者が、「日々の一番の楽しみは食べること」と語ることからも分かります。

つまり、シニア期を生きる人たちにとって、食べることは〝人生の生きがい〟と、直結しているのです。

しかし、そうした状況の中で、「歯がなくてかめない」「義歯が合わずに痛い」「口臭がする」といった、口のトラブルを抱えていたならどうでしょう。食べることだけでなく、人と会うことすら、楽しめなくなってしまいます。また、家族や友人と会食することも、おっくうになってしまうでしょう。

このように、口の状態は、シニアが大切にする社会性をも阻害する要因となるのです。ですから、そうならないために、定期的に歯科に通い口腔ケアをすることが必要なのです。

歯磨きは優先順位を決める。マウスウォッシュも効果的

――シニアに必要な口腔ケアとは、どのようなものでしょうか。

米山　歯磨きやうがいなどが基本ですが、口腔内の粘膜や舌などの衛生管理、義歯の調整なども重要です。また、摂食・嚥下《えんげ》（飲み込み）・発音など、口の機能の管理も欠かせないでしょう。口腔内や頬のマッサージなども取り入れて、総合的にケアするのが望ましいと思います。

米山　自宅でケアを行う場合のポイントは次のようなことです。

①歯ブラシの前に、マウスウォッシュなどの抗菌薬や除菌水でブクブクうがいをする。
②歯間ブラシで歯と歯の間をきれいにする。
③歯の裏側や奥歯など、磨きにくい部分から歯ブラシで磨く。
④歯茎を傷付けないようにする。
⑤起床時には舌磨きをする。

重要なのは、歯を磨く前にマウスウォッシュなどで細菌を減らすことです。それから、歯の裏側や奥歯、歯と歯の間のような、磨きにくい「ハイリスク」部分から優先順位をつけてきれいにしていくことも大事。勝負は三～五分です。起床時には口の中の雑菌が最大に増えているので、舌を磨くこと。唾液で口が潤い、口臭を予防する効果もあります。

口腔ケアは、肺炎を減らしシニアの「命を守る」

——口腔ケアで「命を守る」こともできるそうですね。どのようなことなのでしょうか。

米山　高齢者がかかりやすい肺炎などの病気も、実は口腔ケアで予防できます。高齢者の肺炎は「ものを飲み込むこと（嚥下）」がうまくできず、飲食物が気管に入って起こる「誤嚥《ごえん》性肺炎」が一番多いのですが、その際に口の中が汚れていると飲食物や唾液と共に口腔内の多数の菌も混入してしまうのです。それが炎症を引き起こす要因となるので、あらかじめ口内細菌を減らしておくことが有効です。そうしておけば仮に誤嚥したとしても、肺での炎症を防ぐことができます。

——これらについては、実際に研究も行われたそうですね。

米山　研究に乗り出したきっかけは、大学卒業後の一九七九年から始めた特別養護老人ホームでの歯科治療の経験でした。当時はまだ口腔ケアという言葉もなかった時代で、患者の半数は歯が一本もなく多量の歯垢《しこう》（手付かずの細菌）が歯にべっとりと付いた状態。施設内は常にきつい口臭が漂っていました。しかし、月二回口腔ケアを実施したところ、入居者の口臭が激減するようになりました。さらに、口がさっぱりしたことで入居者が笑ったり話したりするようになり、緊張していた頬の筋肉も緩んでいくのが分かりました。そんな折、看護師長から「口腔ケアを実施するようになって、発熱や肺炎になる利用者が少なくなった」と告げられました。なんでも、彼女は若い看護師時代に「衰弱した患者がいたら、ガーゼで口の中を繰り返し拭いなさい」と先輩看護師に教わっていたそうで「その意味を実感した」というのです。その気付きは私にも衝撃的でした。そこで口腔ケアと肺炎の関係性が頭の中でつながり、本格的に調べてみることになったのです。

それからは、東北大学の佐々木英忠教授（当時）の指導を得て、本格的な調査に乗り出しました。全国十一か所の特別養護老人ホーム入所者約五百人を対象に二年間調べた結果、「口腔ケアを行うことで、肺炎発症率が約四割抑えられる」「肺炎による死亡者は、口腔ケアによって半数以下となる」という結論が出たのです。後にその論文は、医学誌『ランセット』や欧米の学会誌にも掲載され、広く知られることになったのです。そのことが、高齢者施設での口腔ケアを推奨する「口腔衛生管理加算」という制度につながった要因の一つにもなりました。

私の母が亡くなったときも、口腔ケアの有効性を実感しました。がんで亡くなる間際まで口腔ケアを私と私の兄弟で続けていたのですが、口臭がほとんどしなかっただけでなく、発熱もありませんでした。免疫力が下がっている中だったので、今でも本当に良かったと思っています。

ブクブクうがいは、さまざまなウイルスにも有効

――口腔ケアは肺炎だけでなく、さまざまな疾患を予防する効能もあるそうですね。

米山　最近発表された説によると、流行を続ける新型コロナウイルス（以下、新型コロナ）対策にも口腔ケアが有効のようです。新型コロナの感染予防では、「うがい」「手洗い」「消毒」「三密を避ける」などが効果的とされていますが、マウスウォッシュで徹底してブクブクうがいをするだけでも、ウイルスを不活性化させる効果があるとされています。

また、口腔ケアの実施で、インフルエンザにかかりにくくなる、というデータも報告されています。

例えば、私が嘱託で関わっている老人ホームでは、口腔ケアのおかげで開所以来十年間もインフルエンザの患者が出ていません。

また、口腔ケアとインフルエンザに対する関連性は、東京歯科大学微生物学講座が主導して行った研究でも立証されています。東京都下のデイケアに通所する六十五歳以上の高齢者百九十人を対象にした検証では、口腔ケアによって口腔内のインフルエンザを活発化させるタンパクを分解する酵素の減少が確認されました。

今、求められる医療・介護・歯科の連携

——米山さんのお話を聞くと、これからの「人生一〇〇年時代」には、医療や介護、歯科医師などが共に高齢者をケアすることが不可欠のような気がします。

米山　その通りだと思います。ですから、私のいる静岡県三島市《みしまし》、長泉町《ながいずみちょう》でも二〇〇六年に、地域の高齢者を支えるための団体「口腔ケアネットワーク（三島）」を立ち上げました。

これは、「地域における、顔の見える多職種連携」を目指したもので、訪問看護ステーション、歯科衛生士、管理栄養士、看護師、医師、そして歯科医師が垣根を越えて交流を深めています。研修会やシンポジウムを重ねて、職種を超えたつながりが生まれており、このような取り組みが全国的に広がっていくことを望んでいます。

――シルバー人材センターの会員であるシニアにメッセージをお願いします。

米山　歯科医師の立場から、「人の人生は〈口〉で決まる」と言っておきたいですね。

口は〝健康の入り口〟です。食べ物の摂取や口腔ケアの仕方で、生涯現役で働けるかどうかが決まってくるのだと思います。

また、口は〝心の出口〟でもあります。口で話すことの中に、その人の心が表れます。それ故、口の状態が悪ければ人とのコミュニケーションもうまくいかないでしょう。だからこそ、最期まで口を大切にして、できる限り長く家族・友人と会食する機会を共にしていただきたいのです。

私はこれからも歯科医師という立場で口を見詰め、シニアの生活と命を守るお手伝いをしていくつもりです。

●本書は、㈱労務行政発行『月刊シルバー人材センター』創刊四〇〇号を記念して、
「これからのシルバー人材センター」（二〇一八年四月号以降掲載）および
「人生一〇〇年時代の高齢者〈生き方・支え方〉」（二〇一九年四月号より改題して連載中）
を再編集して収載したものです。

【制作スタッフ】
●取材：溝上憲文（ジャーナリスト）
　　　山辺健史（編集ライター）
●撮影（50音順）：伊藤武丸／栗原論／小林由喜伸／佐藤晶子／
　　　　　　　　佐藤顕子／戸室健介／原貴彦／古川裕也
●カバー・本文デザイン：Concent, Inc.　中矢美里
●編集：butterflytools　柴崎卓郎
　　　株式会社労務行政　シルバー事業部
　　　『月刊シルバー人材センター』編集室　石川了／木村美樹子／
　　　　　　　　　　　　　　　　　　　　西村智子

印刷・製本／日本フィニッシュ株式会社

人生100年時代を楽しむ生き方
～定年後を豊かにする28のインタビュー～

2021年8月12日 初版発行

編　者　『月刊シルバー人材センター』編集室
発行所　株式会社 労務行政
　　　　〒141-0031 東京都品川区西五反田3-6-21
　　　　　　　　　住友不動産西五反田ビル3階
　　　　TEL：03-3491-1231　FAX：03-3491-1299
　　　　https://www.rosei.jp/

ISBN978-4-8452-1442-6
定価はカバーに表示してあります。

訂正が出ました場合、下記URLでお知らせします。
https://www.rosei.jp/static.php?p=teisei